経営の知的思考

直感で発想
論理で検証
哲学で跳躍

伊丹敬之

東洋経済新報社

はじめに

　妙なタイトルの本になったかもしれない。数多く書いてきた私の本の中でもあまり例がないが、本全体の結論をそのままメインタイトルにしたのである。

　経営の世界には、経営者の大きな決断も現場のマネジャーによる小さな決断も、さまざまな決断がある。その決断に至るまでの基本構造は、「直感で発想し、論理でその発想を検証し、そして検証した後に最後は哲学で跳躍をする」。跳躍の後に実行が始まり、それではじめて決断をしたことになるのだが、そこに至るまでに、発想では直感が、検証では論理が、跳躍では哲学が、それぞれ中心的役割を果たす。

　したがって、直感が鈍ければいい発想は生まれず、論理力が低ければ発想の良し悪しの検証はうまくいかず、哲学があいまいなら検証でうじうじするだけで最後の跳躍はできない。こうした基本メッセージの枠組みの中で、直感の活かし方、論理の展開のポイント、哲学の意義などを概説しているのが、この本の各章の内容である。

じつは、こんなメッセージの本を書きたいとまず思って、それで本の構想を練り始めたのではなかった。そもそもこの本の企画は、「経営の論理と思考法」について本を書きませんか、というお誘いを出版社からいただいたことから始まった。2018年の晩秋、『平成の経営』という本の原稿を書き終わったすぐ後だった。ちょうど物書きとしての時間に余裕が生まれたし、企画も面白いと思ってお引き受けした。

そこから、経営での思考のあり方、決断に至るまでに必要なステップなどを基礎に立ち返って考え直し、本の全体像をどうすべきかを考え始めた。すると早い段階で、本のタイトルとなった結論が頭に浮かんだ。書くべき内容のすべてが見えたわけではないが、決断に至るステップはこうだな、とすらっと出てきたのである。

当然のことだが、この本は私の過去の著作に負う部分が大きい。自分がこれまで書いた本のあちこちにあったさまざまな「経営での思考のあり方」についての断片を、一つのストーリーにすべく紡《つむ》いでいった。しかしもちろん、直感・論理・哲学の本としては足らない部分が大量に出てくる。それに対しては、自分の考えを深め、新しいストーリーをつけ加える必要があった。そうした作業の終着駅として、自分のこれまでの蓄積という土台の上に、新しい家を建てたという気分が今はしている。

この建築作業は、自分にとっても面白いプロセスだった。本田宗一郎、安藤百福《ももふく》、小倉昌男、西山彌太郎《やたろう》、といった名経営者たちの直感的発想、論理的検証、哲学をもった跳躍のそれぞれの歴史を追いながら、彼らの発想・検証・跳躍というステップの背後の構造を推論することが、本を書く作業の中心となった。その結果を紡いでいったら、こんな家を建てることになった、という驚きの気持ちが自分の中にある。

しかし、この本を世に出すまでのプロセスで一番驚いたのは、刊行のタイミングである。日本中が、世界中が、新型コロナウイルスのショックで大混乱している真っ最中、まだ先がどうなるかほとんど見えていない2020年6月に、経営の決断のための基礎的な思考についての本を、たまたま世に出すことになったのである。この本の原稿を出版社に送ったのは、4月10日。政府の緊急事態宣言の直後だった。

このタイミングについて、一方ではこんな世の中の状況なのにのんびりと基礎的なことを書いた本を出すことになった、という思いが自分にもあると同時に、他方では、この混乱の中で日本企業はどんな経営の決断をしていくのか、それを自分の書いたストーリーに沿って考えてみるのも意味がありそうだ、という思いもある。

経営の決断は、たんにデータを集め、論理で検証して判断するというようなことだけではなく、不確実な未来に向かって跳躍するということに本質がある、と私はこの本で強調している。まさに2020年から2021年にかけて日本企業がしなければならないのは、コロナショックの巨大な不確実性の中での跳躍なのである。

企業として何をなすべきか、自分の担当部門として何をなすべきか。待ったなしの前例なき決断を、大小さまざまな企業の経営者とマネジャーたちが迫られている。じつは私自身も、国際大学という新潟県にあるアジア・アフリカの留学生が9割という小さな大学の学長として、さまざまな決断をする立場に今ある。多くの企業と比べれば小さな池の小さな決断かもしれないが、私の場合も待ったなしかつ前例などない。

コロナショックからの長い回復過程は、感染症からの回復過程であるばかりでなく、「ヒトの動きが止まること」による世界的な経済大収縮、という珍しい経済危機からの回復過程にもなるだろう。そのとき、個々の日本企業は具体的にどう立ち直っていくのか。ポストコロナの世界地図の中での自分たちの立ち位置を、どのようにつくっていけるか。そこでは、日本企業の思い切った対応が不可欠であろう。

だから、先の見えない中でのこの1年ほどの間の決断が、きわめて重要となる。それは、大きな不確実性の中での、跳躍である。もちろん跳躍の前に、「この行動は適切か」ときちんとした論理的検証をしなければならないのは当然だが、しかし、未知の新型ウイルスだし珍しい経済危機だから、将来を予測するデータも経済被害の論理も、ともにきわめて不十分である。だから、データや論理では詰め切れない部分が巨大に残るという不確実性の大きさに、誰しもが直面している。

そんな中で、どんな哲学をもって最後の跳躍をするのか。あるいは、そもそもどんな発想で跳躍するための行動案を生み出せば、危機の大きさに間尺が合うのか。さらに、その行動案の論理的検証では何に気をつけるべきか。

この本でテーマにしたことが、まさに問われている。もちろん、この本は思考の基礎を書いただけだから、パンデミックや経済的混乱への対応の具体的な答えが書いてあるわけではない。しかし、危機への対応策を決断する際の「思考の筋道の基本」は何か、それについてのヒントを読者が汲み出せることに期待したい。

一例をあげれば、最後の跳躍ができる人は、「世の中はどう動くか」について自分が信じられると思う「道理」をきちんと考えている人だろう。その道理についての思いを、この本では「哲学」と呼んでいる。その哲学があるからこそ、自分なりに自分を納得させて、最後の跳躍ができる。哲学の重要性を、多くの人が明確に意識したほうがいい。裏を返せば、哲学のない人は、問題の先送りを続けてしまう危険や世間と横並びの判断をしてしまう恐れが、かなりありそうだ。

さまざまな決断の悩みに多くの人々がぶつかる時期に、たまたまこの本が世に出ることになった。そのタイミングが、この本にとって不幸なタイミングではなく、多少は意味のあるタイミングになってほしい、と著者として願うのみである。

この本のもともとの企画を私のところにもってこられたのは、旧知の東洋経済新報社出版局の黒坂浩一さんである。このところ、私の書く本は持ち込み企画のものが多い。もう75歳になったのだから、編集者の方が私に書かせたいと思う本を書いたほうがいいか、という思いが私にもあるのである。ありがたいことに、この企画は私を知的に刺激してくれたし、また原稿を本にするプロセスもいつもながら素早くかつ適切にやっていただいた。その両方に、心から感謝したい。

２０２０年６月

伊丹　敬之

直感で発想
論理で検証
哲学で跳躍

目次

第6章 仮説を育て、論理の肝を押さえる 157

第7章 跳躍できるための、哲学 187

序章

ロジカルシンキングから「直感・論理・哲学」へ

チキンラーメンと宅急便、その発想と跳躍

数年前のことだが、ドイツのローカル航空会社の機内有料サービスで、カップ麺を食べたことがある。元祖カップ麺は日本の日清食品の製品だが、私が食べたそのときのカップ麺は韓国企業の製品だった。また同じ頃、バンコクのスーパーでも、ずらりと並ぶさまざまな国の即席ラーメンの種類の多さに驚かされたこともある。それほど、こうした即席ラーメンやカップ麺は世界的な製品になっている。

それらすべての製品の原点は、1958年に日清食品が発売した「チキンラーメン」という、世界初の工業化された即席ラーメンである。消費者は、チキンスープの味がしみ込んだ乾燥麺を袋から取り出し、どんぶりに入れてその上からただお湯を注ぎふたをするだけ。具材を入れることも、鍋でゆでる必要もなく、3分間待つだけでおいしいラーメンが食べられる。発売後すぐに私自身がそれに驚いた記憶がある。中学生時代に夜食として愛用していたのである。

チキンラーメンを原点とする即席ラーメンを専用のカップに入れて具材を加えた

のが、世界初のカップ麺である。だから、チキンラーメンは、世界中の即席ラーメンとカップ麺の元祖であり、世界的に麺の歴史を変えた大ヒット商品なのである。

この製品の発想のすごさは、世界中に一切の類似商品がないところでの開発、という点である。その製品を発想し、開発に成功し、そして生産・販売も行なってビジネスとしても大成功につなげたのは、日清食品の創業者・安藤百福《ももふく》である。彼は、なぜチキンラーメンの発想を生めたのか。

第3章でよりくわしく紹介するが、安藤の発想は、いろんな発想を並べてその中から論理的に可能性の高いものを選んだ、などという発想法ではなかった。戦後の闇市でラーメンの屋台に群がっている人々の姿を見て、彼の脳裡にラーメンのもつ磁力がイメージとして強く残った。そして、戦前に彼自身が「食こそ人間の原点」とつくづく感じる厳しい個人的体験をしたことも、食へのこだわりを彼がもっていた一つの理由だった。こうして、闇市での彼の直感と工業化された食品への彼の思いが生んだ発想が、即席ラーメンだった。

即席ラーメンは日本人の生活を変えたが、ヤマト運輸の宅急便も日本人の生活を大きく変えた超ヒット商品である。それを発想し、事業化の決断をしたのは、小倉昌男。普通の商業貨物のトラック運送業者だったヤマト運輸の二代目経営者である。

第5章でよりくわしく紹介するが、個人の家庭から荷物を集荷して、別の家庭に届けるという、まったく新しいコンセプトの宅急便ビジネスを彼が発想して、その試行を首都圏で始めたのは1976年のことだった。荷物の集荷にも配達にも手間のかかる個人荷物の集配業務は経済的に採算に乗らない、というのが当時の業界の常識であり、その常識に反する発想だった。

首都圏での試行がもたらしたいい成果を受けて、彼は宅急便を全国展開して主力事業にしようと決断する。そのためには、資源を投入しなければならない。トラックやドライバーなどの人員である。その資源の確保のために、小倉はそれまでのヤマトの主力事業であった百貨店の贈答品配達業務の主力顧客・三越からの撤退と家電メーカーの商品輸送業務という大口荷主相手の運送事業の縮小を決める。

つまり、業態転換と主力顧客からの撤退、という大きな決断、いわば跳躍といってもいいような行動を、小倉はとったのである。1978年のことだった。なぜ、小倉はその決断ができたのか。

私は、小倉自身の口から、この跳躍を彼がなぜできたのかの答えを聞いたことがある。ある企業の幹部研修に、私が彼を講師としてお招きしたときのことだった。彼は、宅急便のコンセプト開発と事業展開の話、当時彼が懸命にやっていたスワンベーカリーという障害者雇用のパン屋さんの話をしてくれた。

その後の質問の時間に、参加者のひとりが「なぜ、三越などからの撤退の決断ができたのですか」と聞いた。ストレートな、いい質問だった。小倉は、ほとんど間髪を入れずに、こう答えた。

「最後には、神様に聞くんです。それでいいかなとなったら、まず、やってみればいい。やってみれば、わかります。やってみて、間違っていれば、ごめんなさいと謝ればいい」

そのときの小倉の顔がまるで仏様のようだったことを、私はいまだに覚えている。じつに澄んでいたのである。彼は、撤退という大きな跳躍を含む決断にあえて踏み切るには、じつは神様のように「大きなもの」に受け入れられている感覚がなければならない、といいたかったのだ、と私は思った。それは、世の中の道理に合っている、という意味でもあろう。そうした「確信」を支えとして、小倉は実際の「撤退」へと跳躍できた、と私は思う。

小さな決断、大きな決断

安藤といい、小倉といい、いきなり偉大な経営者の大きな話から始まってしまった。読者の中には、自分はそんな大きな決断をする立場にない、と思っている人もいるかもしれない。たしかに、組織の中の役割としては、そうかもしれない。

しかし、人間は誰しも、さまざまな決断をしている。せざるを得ない。行動をとるということは、大げさに表現すれば、すべて決断の結果なのである。そこには、小さな決断もあれば、大きな決断もある。

読者のみなさんは、決断といわれると、何を思い起こすだろうか。

個人としては、家族のために住むところを確保するという目的のために、住宅を買うという決断がよくある例であろうか。企業人としては、新事業の提案、新しいタイプの人材採用の提案、現場からの投資の提案、などを上層部にしてみるという決断もあるかもしれない。

住宅を買うという個人としての決断のためには、自分の将来の収入の予想、買う住宅候補の将来価値の予想、どんな生活スタイルをもちたいかというライフスタイルの構想、などさまざまなことを考える必要がある。買わずに賃貸という選択もありうるし、住宅を買うにしても、都会を離れて家族のために田舎で自然に囲まれて生活したいから、地方移住をするという発想もありうる。

企業人としての社内の提案であれば、その提案をすると、提案理由の説明が必要になり、その資料整備が必要になりそうだ。また、どんな提案をするかを上からは評価されているのが普通だろうから、まずい提案であれば自分の評価が下がるというリスクがあるし、また提案をしなければ消極的というこれもマイナスの評価を受けるかもしれない。

さらに、提案が上で認められた場合には、自分がその提案内容の実行者に選ばれる可能性があり、その実行現場での（今は見えていない）ゴタゴタの処理を引き受ける覚悟、などが必要になりそうだ。

読者が経営者であれば、新事業を始める決断、設備投資をする決断、海外進出の進出先や進出規模の決断、買収の決断、など経営のさまざまな場面で決断する必要はあちこちにあるだろう。それぞれが大きな決断になるだろう。

その決断に至るまでに、普通の人間は何に悩むのだろうか。住宅を選ぶという例で具体的に考えてみると、目的は自分と家族の住環境の整備なのだから、まずどの地域に住むか、どんなライフスタイルで住むか、持ち家か賃貸か、などについての行動案の発想が必要だろう。

その行動案について、それがもっている適切さを検証する必要が出てくる。そのときの検証の要素として、自分の将来の収入の予想、手に入れる住宅の将来の価値などの経済的側面や、子どもを育てる環境としての地域の教育、安全、自然などの社会環境があるだろう。

そうしたもろもろの要因をいくら考え抜いても、将来については不確実性が残る。自分の将来の収入状況についても、不動産市場についても、あるいは地域環境の変化についても、今考えているのは予測にすぎない。それでも、決断をしなければならない。そこで、最後は迷いながらも選択肢の一つをあえて選ばざるを得ない。それは、一種の跳躍である。不確実な未来へ向かって踏み切ることである。

企業として海外進出の決断を例にとってみると、基本的な決断に至るまでの構造は、住宅の場合と同じだろう。選択の代替案の発想をまずなるべく柔軟に行ない、それぞれの代替案の望ましさとリスクについて論理的に検証し、そして不確実な部分が残ることを覚悟して最終的選択へと跳躍する。

つまり、**すべての決断は、大きな決断も小さな決断も、基本構造は似ている。**事の重大さが、違うだけである。それは、**発想し、論理的に検証し、最後に跳躍をする、という三ステップの構造**である。発想、検証、跳躍、この三つが揃って、はじめて決断ができ、その結果として現実の行動が始まるのである。

決断し、行動することこそ、経営の本質的中身である。ただ考えるだけでは、経営にはならない。安藤の例では発想のステップを、小倉の例では跳躍のステップだけを紹介したが、もちろん彼らは発想、論理的検証、跳躍という三つのステップをすべてきちんとやっている。

われわれは、決断に至るまでのプロセスをきちんと考え、そのプロセスの一つひとつのステップで、どんな思考法、どんな考え方が大切かを、あらためてきちんと理解する必要がある。

定型思考の枠組みが流行

経営にはロジカルシンキング（論理思考）が大切だ、といわれるようになって久しい。私自身も、論理の大切さを強調した『経営戦略の論理』というタイトルの本を40年近く前にすでに世に送り、その後も版を重ねている。

前項であげたような小さな決断、大きな決断、その大半で、**たしかに論理は大きな役割を果たすだろう。しかし、論理がすべてではない。**論理は、思いついてから決断に至るための全体に必要なステップの中で、検証というプロセスで主な役割がある。それは、全体のうちの一部にすぎない、と認識したほうがいい。

しかし、ロジカルシンキングの流行もあって、そのための定型的な思考の枠組みが広く共有されるようになっている。そうすると、つい論理の役割が過大評価されがちになる危険がある。それだけならばまだいいが、ロジカルシンキングのための枠組みが定型的に用意されてくると、定型思考の落とし穴が生まれてしまう危険もある。

その落とし穴は次項で説明するが、そもそもそうした多くの定型思考の枠組みの共通の特徴は、それが「現実の複雑に見える事象を簡単に整理する」ための枠組みであることだ。そこにじつは落とし穴への誘惑がある。

たとえば、SWOT分析という戦略分析の手法を聞いたことのある読者も多いだろう。SWOTとは、Strength（強み）、Weakness（弱み）、Opportunity（機会）、Threat（脅威）の頭文字をつないだもので、自社の強みと弱み、環境の中の機会と脅威、それらをすべてリストアップして、自社の競争環境の中での自分たちの立ち位置を正確に位置づけようとする手法である。

SWOTの内容はすべて、誰しもが考えるべきと思う要因ばかりであろう。しかし、この分析ができたからといって、それでよい戦略がすぐにつくれるわけではない。自社の強みを活かし、環境の中の機会に乗じ、しかし脅威にはきちんと対応して自社の弱みにも目配せが利いている、そんな戦略の内容を構想することは決して簡単なことではない。

その上、自社の強みをあげよといわれたとき、驚くほど多くの人が、自社が「他社並みにできること」をあげて満足している、というのが多くの企業現場での私の経験である。「他社並みにはできること」を自社の「強み」と誤認してしまっては、きちんとした戦略づくりの出発点にはならないだろう。「強み」とは、あくまでも競争相手に比較して優れた能力でなければならないのである。

あるいは、MECE（Mutually Exclusive and Collectively Exhaustiveの頭文字）という整理手法も有名だ。これは、代替案をリストアップしたり、環境要件を整理したりするときに、リストアップするべき項目が互いに重複せず、また全体で網羅的になっているように、ということに気をつけるというものである。「漏れなく、ダブらず」を目指し、それを体系的に整理できることを目指す枠組みである。もちろん、思考の漏れや重複を防ぐのは大切だし、そう整理された内容は他人にきちんと説明するためのコミュニケーションの際には有効であろう。

しかし、こうした定型思考の枠組みを使った整理は、常識的な整理になりそうだ。それだけでは、ユニークな発想はあまり生まれそうにない。また、そうした常識的な発想が厳しい論理による検証に耐えられるかどうか、心もとない。

定型思考の落とし穴

ただし、定型思考の枠組みは、経営での論理的思考への入り口として、あっていい。入り口に入らないよりは、入ったほうがいいのである。論理思考の第一ステップとして、あるいはトレーニングプロセスとしては、大切だろう。

だが、こうした論理的に見える整理手法には、共通の落とし穴が二つあるようだ。

第一の落とし穴は、その枠組みに現実を当てはめてみるという、いわば強制入力させられることで、当てはめた後に一応の安心感が生まれる危険である。枠組みの用紙が埋まったという安心感である。だから、その先をさらに悩まなくなりがちになる。たとえばSWOT分析で、強みを書けといわれて、無理をして「他社並みにはできること」を書いてしまう。そして、強みの欄が埋まると、強みが実際にあるような気がしてくる。

さらには、強みは誰を競争相手と想定するかによって変わるはずなのに、強みの欄に「国内でのシェアが高いこと」というような表現が出てくるのを、見たことがある。国際競争がきわめて重要な課題となっている競争環境におかれた企業だった。その状況で国内でのシェアを強みにあげてしまうと、多少の安心感が生まれる。しかし、国際的には大いに劣勢なのである。それなのに比べる相手が国内のさらに弱い企業では、まともな戦略の発想には届きそうもない。

定型思考のもう一つの落とし穴は、枠組みへの強制入力が多くの項目にわたるために、当人にとってはじつは現実にあまり重要でない項目へ、その人の注意を誘導してしまう危険である。たとえば、弱みを書けといわれて、国際的な巨大企業との間の力の差に目がいってしまう。自社の主戦場は彼らが目を向けないニッチな市場セグメントなのに、その力の差の弱みが気になってその差を埋めるための戦略を無謀にも考え始めてしまう。

もちろん、最後まで考え抜けば、それは考える必要のない弱みだ、セグメントを分けてそこが巨大企業に侵食されないように考えるのがポイントだ、ということはわかってくるのが普通だろう。しかし、しばらくの間は、戦略の思考が肝心のポイントからドリフトしてしまう。しばしば、それに気づかないままに。だから、ムダな分析をして、その分析の努力の量が一種の達成感になってしまって、じつは大切なことを考えていないままになってしまう危険すらある。

二つの落とし穴に共通するのは、論理思考を助けるはずの定型思考の枠組みが、かえって人の考えを深めさせない壁になってしまう、ということである。第一の落とし穴は、安心感が無意識に生まれてしまって、考えが深まらない。第二の落とし穴は、見当外れの方向に気がつかないうちに思考がドリフトして、肝心なところでの考えが浅いまま残される。

だから、定型思考が終わった時点で、まだ具体的な行動案が思いつかない事態になることもあり、思考不足のままに推移して、行動せざるを得ないタイミングがきてしまう。そうなると、あいまいな行動あるいは見当違いの行動をとってしまう危険がかなり大きくなりそうだ。それでは有効な決断にも実行にもたどり着けないことになるだろう。

直感、論理、哲学

決断に至るまでの三つのステップで、最初で最大の問題は、ユニークな発想をどうしたら生めるか、という問題であろう。常識的な論理で考えたいくつかの常識的な発想を定型思考の整理の枠組みに当てはめても、ユニークな発想は生まれそうもない。

ここでは、当たり前の話だが、直感の大切さの再確認が必要だろう。たとえば、安藤はなぜ即席ラーメンの発想を生み出せたか、を考えてみる必要がある。発想ステップでの直感の役割は、ぜひとも考えるべきトピックである。ロジカルシンキングの流行への一つのアンチテーゼとして、最近は直感を強調する本が出てきているのは当然ともいえる。私も賛成である。ただ、直感だけを強調するのも、ロジカルシンキングの強調し過ぎに対する警告としては理解できるが、やはりバランスを欠いている。

そして、さらに考えるべきは、跳躍というものの理解である。いくら論理的検証を真剣に行なっても、論理で詰められないことはもちろん残る。将来は不確実なのである。それでも行動を始めなければならない。そこで、どんなスタンスで跳躍をすればいいのか。小倉はなぜ跳躍ができたのか、を深く考える必要がある。

つまり、発想と跳躍、という決断に至るまでの第一と第三のステップをきちんと理解し、適切なステップを踏めるように努力することが重要だ、と私は思う。ロジカルシンキングは、それなりに正しい。しかし、論理の大切さを強調するだけでは十分ではない。

この本で私は、決断を発想、検証、跳躍の三つのステップからなるものと考え、そのそれぞれのステップでもっとも重要な役割を果たす知的思考法を、直感、論理、哲学だと提案したい。つまり、

直感で発想し、論理で検証し、哲学で跳躍

する。それが経営での適切な決断の必要条件である、というストーリーがこの本の基本骨格である。

哲学といわれると、「そんな難しいことを?」と敬遠したくなる読者もいるかもしれない。しかし、びびる必要はない。哲学といっても、そんな難しいことを考えているのではないことは、次章以降に明らかになるだろう。

そして哲学には、大きな哲学もあれば、小さな哲学もある。小さな決断には、それに見合った小さな哲学があれば、最後の跳躍ができる。たとえば、住宅選びの決断の例でいえば、自分はどんなライフスタイルをもちたいかという考え方は、立派な住宅選択の「哲学」である。ライフスタイルに哲学をもった人だけが、大都市を離れて地方に住まいを求めるという跳躍ができるのであろう。

それも、小さな哲学の例である。その選択が影響する範囲が自分と家族の生活、と狭いゆえに、それを「小さな哲学」とここでは呼んでいるのだが、ご本人にとっては十分に立派な哲学であろう。

私はこの序章の冒頭の導入を、安藤百福や小倉昌男というきわめて非凡な経営者の事例から始めた。次章以下でも、本田宗一郎、西山彌太郎《やたろう》、といった戦後日本を代表するような経営者の例をもとにさまざまな解説をしていくつもりである。大きな決断、めざましい直感、つき詰めた論理、無謀にも見える跳躍、の例が語られることになる。

そんな「高級な」例を説明されても、自分には真似できそうもない、と考えないでほしい。彼らの行動は、ある意味で極端なだけに、本質がわかりやすい。だから、説明の材料としては、わかりやすいのである。決して、彼らと同じレベルの直感、論理、哲学がなければ経営の決断はうまくはいかない、というメッセージを私が発信したいわけではない。

彼らの直感、論理、哲学の背後にある共通のスタンスや本質は何かを考えるための材料として使うのである。それに、彼らはたしかにわれわれ凡人からすればはるかに遠い目標ではあり、簡単には真似はできないが、上質の目標に向かって走るほうができそうな目標を目指すよりも得るところは大きいだろう。

彼らは、発想・検証・跳躍という三つのステップなどに自分の決断を意識して分けてはいなかったかもしれない。瞬時に、三つのステップを同時に行なっていたこともあっただろう。しかし、われわれ凡人は、段階に分けて、一歩一歩学ぶべき点を明らかにしていくしかない。

それが、この本の意図である。

第1章

決断に至る三つのステップ

経営は、決断の集合体

経営とは、組織を率いる経営者と、組織の中で経営の一部を担っている管理者たちによる、多くの決断と実行の連続であり、それらの巨大な集合体である。

経営者は企業全体の方向性を決めるような戦略の決断、あるいは後継者人事の決断、などの大きな決断をする立場にいる。大きな設備投資、新事業への進出、海外での大きな展開、あるいはそのための大型買収、大きな組織改革と人事などなど、さまざまな決断をしなければならない。

そして、経営者が決断した方向に沿った具体的動きを現場で実行すべく、組織としての行動が始まる。現場のマネジャーたちが、戦略の示す方向性に合うようにとさまざまな計画をつくり、彼らに任された具体的アクションをとる。設備投資の例ならば、たとえばどんな設備を買うのか、いつ頃から稼働させるのか、人員配置はどう変えるのか、など現場がしなければならない決断も多いだろう。トップの決断と比べれば小さな決断だが、その決断をしなければならない現場の本人にとっては、それなりの重みのある決断である。

こうして、**組織のさまざまな階層での決断と実行の集合体が、組織を動かしている。**大小さまざまな決断の集合体が、組織の経営の中核にある。さまざまな決断が、空間的に重なり合い、時間的にも積み重なって、その実行の集積が組織全体の動きとその成果を決めていくのである。

とくに経営者しか行なえない大きな決断は、それこそが経営者の仕事としてもっとも重要なものである。その決断は、組織のあちこちにあるさまざまな事情をすべて飲み込み、総合判断をした上での決断である。しかも、その決断によって運命が左右されてしまうことになる人々は多い。経営を預かるとは、その人々の人生を左右する権力を預かるということなのである。

難しい総合判断が常である。だから熟慮も必要で、決断を先延ばしにしたくもなる。しかし、それで困るのは現場ではたらく人々である。どちらの方向へ進むのでもいい、とにかく決めてくれ、と部下が叫びたくなっているような状況も案外多いのである。

決断こそが仕事、というのは企業の経営者のみならず、もちろん一国の経営者あるいは君主にもいえることである。それを、中国古代小説の大家、宮城谷昌光氏は戦国時代末期の秦の宰相・范雎《はんしょ》を描《えが》いた小説で、次のように書いている。名言である。

「君主は王朝において何をするのかといえば、決断をするだけであるといってよい。臣下の意見をよくきく君主が名君であるかといえば、そうではない。すぐれた決断をおこなう君主が名君なのである。臣下の意見をきくたびに、決断をにぶらせ、迷い、決定をおくらせ、折衷をこころみ、危険のすくない道をすすもうとする君主は、はっきりいって暗君である」（『青雲はるかに　下』197ページ）

こうした最終決断を、経営者は自分ひとりの責任でしなければならない。孤独な最終決断が経営者の仕事、といってもいいだろう。ある経営者の方から、こんな話をお聞きしたことがある。

「社長になってはじめて実感したが、副社長の時代は楽だった。最後は社長に話をもっていけた。副社長と社長の間の違いは、じつに大きい。副社長と工場の守衛さんとの間の距離よりも、社長と副社長との間の距離のほうがはるかに遠い」

決断＝判断＋跳躍

組織の中の大小さまざまな決断は、そのインパクトや難しさで大きさが異なるものの、それに至るまでに決断する人がたどるステップは、概念的に共通の構造をもっていると考えるとわかりやすい。それが、**まず発想、次にその発想の適切さの検証、そして最後に迷った末の跳躍、という三段階のステップ**である。

まず、どんな行動をとるべきかについての発想が生まれなければ、行動のとりようがない。設備投資であれば、どの種類の設備投資か、どのくらいの規模で行なうか、などの発想である。そして、その発想が適切かどうかの検証作業がそれに続くのが常であろう。その検証作業が雑であれば、結果としてとられる行動は適切なものではなくなる危険も大きい。だから、検証作業という第二段階の作業を誰しも行なうであろう。

検証の結果を見て、人はなんらかの行動をとろうと選択の判断をするだろう。しかしそれは判断であって、まだ実行を開始すると決めるわけではない。実行を開始すると心を決め、実際に動き出すのが、決断という第三のステップである。決断とは、「実行する」という決心をすることなのである。

じつは、決断という言葉の語感にぴったりする英語の表現があまりない。decisionという言葉はあるが、それは「決定」であり、決断とはニュアンスが違う。決断には実行、あるいは断行のニュアンスがある。もちろん、judgementでもない。それは、判断であって、やはり決断とは違いそうだ。判断は知的な作業だが、決断には決心するというような「思い切る」ニュアンスがある。

おそらく決断という言葉のニュアンスには、判断の上にさらに思い切ること、あえていえば跳躍すること、が加わっているのである。それを、

決断＝判断＋跳躍

と表現してみよう。

決断のためには、まず判断が必要である。当然のことながら、何かの行動をとるためには、その行動の適切さについての判断がなんらかの形でなければならない。もちろん、100％の確率での正しい判断など望むべくもないが、「適切な行動であろ

うという自分なりに納得のできる推論」という意味の判断である。

しかし、判断だけでは決断には至らない。判断しても、その判断にしたがった行動をとらなければ、何も事は起きない。

判断と行動の間には、じつは深い溝がある。淵《ふち》といってもいい。その淵は、判断という知的作業だけでは埋めきれない、現実の複雑さゆえに生まれる淵である。いくら考え抜いても、まだ不確実な世界が自分の前には広がっている。だから、まだ迷う。その淵をはさんで、こちら側には知的判断の領域があり、あちら側には行動の領域がある。**決断は、その行動の領域へと「跳ぶこと」によって、完成する。**

そういう意味で、判断に跳躍が加わってはじめて、決断となる。だから、決断＝判断＋跳躍なのである。判断と行動の間に横たわる「深い淵」を跳ぶことが、ここでいう跳躍である。

決断と判断の違いの認識、つまり判断の後に跳躍が加わってはじめてまっとうな決断になるという認識は大切である。その違いの認識ができてはじめて、真の決断ができるようになる。

じつは現実には、あやふやな判断しかないのに、その判断のままに動き出してしまって、その後のゴタゴタで苦労する、という事例が多そうである。それは、跳躍ということを意識していない例の一つである。跳躍を最後はせざるを得ないと覚悟すれば、判断をあやふやで済ませることなど、できないだろう。

あるいは、跳躍をする必要があるという認識がじつはおぼろげにはあるから、判断の段階で「かなり安全な判断」だけをして、そのまま行動する場合もありそうだ。跳躍を無意識に避けている、と表現してもいい。だから、リスクがとれない。リスクが大きいから迷う、迷うから真の決断はしない。それでかなり安全な策だけを現実にはとってしまうということになる。

決断とは、判断を一応は下しながらもさらに迷ったあげくに、あえて跳躍することなのである。

その跳躍は、深い淵を飛び越えた後で行動の世界で起きてくるであろうさまざまなゴタゴタを、自分が処理するのを覚悟することでもある。ゴタゴタは、今は見えていない不確実な現象がさまざまに起きるから、自然に発生するだろう。そのゴタゴタを処理する覚悟をもてなければ、いつまでも判断の世界で将来の不確実性を小さくできる案を考え続けることになる。しかし、いくら考えてももうその先には考えられることはない、考えても仕方がない、という状態がくる。そこまで考え抜いた上で、動き始めた後のゴタゴタの処理を覚悟して、最後は跳躍するのである。

決断の本質は、この最後の跳躍にある。いきなり浅慮のままに跳躍するのではない。それは無謀というものである。**考え抜いた果ての跳躍、それが決断である。**

判断＝発想＋検証

しかし、跳躍が決断の本質だからといって、その前段階としての判断が簡単であるとか、気楽にやっていい、ということでは決してない。むしろ、跳躍を意識すればするほど、判断の知的適切さを慎重に考えるようになるだろう。そして、その判断を適切なものにする努力が組織として膨大に行なわれるのが普通である。

そのきわめて大切な「判断」という作業についてももちろんこの本で多くのページを割くが、判断という知的作業をこの項の小見出しにしたような方程式に分解して、この本では考えてみよう。つまり、

（知的）判断＝発想＋検証

ごく当たり前の式である。そもそもどんな行動をとるべきかの案を発想する必要がある。その発想が生まれないから苦労している人も多い。発想が生まれても、その発想が貧しいと感じる人も多いだろう。発想のプロセスを適切に行なうための議論は、大いに必要だ。

そして、発想された行動案の適切さを、誰しも知的作業として検証するであろう。当然、なるべく適切な行動をとるような判断をしたいからである。ただ、乱暴な検証しかしない人もいそうだし、その逆に検証にばかり時間をかけて、いつまでも最終判断を下さない人もいそうだ。「石橋を叩いて、石橋を壊す」というジョークのようなことも起きかねない。その検証作業をどうしたらいいのか、それもこの本で議論したい大きなポイントの一つである。

発想も検証も、知的作業である。それを、とるべき行動案についての仮説を発想する、そしてその仮説の適切さを検証する、と言い換えてもいい。それが判断を生み、そこに跳躍が加わってはじめて決断となる。それが、この本で私が描こうとする、決断への三つのステップである。そして、この三つのステップのそれぞれを中心的に支えるものは、次のようになると私は考えている。

●直感で発想する
●論理で検証する
●哲学で跳躍する

発想の原点は直感にある。論理が果たせる役割はあるが、それは中核とは思えない。そして、**検証のステップでは、論理が中心的役割を果たす。**論理的な検証が適切な判断には欠かせない。そして、**最後の跳躍には、哲学が必要**となる。

なぜ、哲学が跳躍に必要かといえば、「思い切る」「踏み切る」という跳躍らしい行為を人が行なうためには、単に論理的な正しさの感覚に加えて、哲学に支えられなければ跳べない、と思うからである。とくに、大きな決断であればあるほど、哲学の支えを経営者は必要とするだろう。

経営者が行なう大きな決断は、さまざまな事情をすべて飲み込み、総合判断をした上での、決断である。難しい総合判断が常である。その判断の結果を実行に移すということは、ある意味で畏れ多いことである。その跳躍を正しく行なう、あるいは心のよりどころをもって行なうためには、哲学の支えが必要となる、と思われる。

本田宗一郎、資本金の30倍の設備投資

哲学のある人だけが、自分の哲学に照らして、不確実な行動へと跳躍する覚悟をもてる。細部への詮索は最後にはあきらめて、自分の哲学にしたがって「もうこれでいいか」という納得性が生まれる。その納得のないところに、跳躍への本当の覚悟は生まれそうにない。

そうした「哲学があってこその跳躍」のわかりやすい例として、私は小倉昌男の例を序章で紹介した。宅急便については、第5章と第6章でその発想も論理的検証もくわしく扱うが、彼が「神様に聞くんです」といったのは、まさに哲学の果たした役割の例である。

もっとも、このときに小倉が三越の贈答品配達業務からの撤退を決めた背景には、宅急便というサービスの社会的意義についての彼の哲学があったばかりでなく、当時の三越の経営者からは出入りの業者泣かせの強引な要請が多く、またスキャンダルの噂のあった経営者であったことへの、倫理的反発もあったのだろう。それも含めて、

神様という表現を小倉はとったのであろう、と私は推測している。

その小倉昌男の決断からさかのぼることほぼ25年、ホンダ（本田技研工業）の創業者本田宗一郎も大きな決断をしていた。1952年、4億5000万円をかけて多くの最新鋭工作機械を欧米から輸入する、という決断である。当時まだ浜松の中小企業にしかすぎなかったホンダが、世界一になるという大きな志をかかげて、世界一流の工作機械を大量に輸入しようというのである。

しかしそれにしても、この投資金額は中小企業としては想像を絶する大きさであった。ホンダの当時の資本金の30倍という規模だった。しかも、当時すでに大企業となっていたトヨタや日産の年間設備投資とほぼ同じ金額を、町工場に毛が生えたような存在だったホンダが工作機械輸入に投入しようというのである。業界筋はこれを無謀と決めつけたが、それも無理はない。

急成長の過程での、社運を賭しての大設備投資である。資金調達の主な源泉は、売上先払い金などの企業間信用であった。売れていたから小売店から注文とともに入金してもらう。しかし、材料・部品などの仕入れ先への支払いは手形で遅れて支払う。その時間差で資金調達しよう、というのである。急成長の企業が時に使う資金調達方法で、うまく売上が伸びているうちはいいが、いったん売上が停滞するとすぐに資金不足になる戦略である。事実、1954年にホンダはその事態に見舞われ、大きな経営危機を経験することになる。

その資金危機の予感はもっていなかったようだが、本田宗一郎の技術者としての発想は、一応の筋が通っていた。精度の高い製品は、精度の高い工作機械からしかつくれない、というのである。そして、売れてはいるものの、現行商品に本田は不満だった。もっといい商品をつくりたかった。

本田は、この決断と同時に、社内報で「世界的視野に立って」という文章を載せて、社員にこう訴えている。

「今回愈々私の念願であった世界的技術の水準において、世界市場で世界第一流のメーカーとの競争を実行に移すことになりました。

この根本要素は申すまでもなく製品そのもののアイデアと共に、精度と生産能率であります。……われわれの創意工夫を活かし実現するには、優秀な機械でなくてはなりません。『弘法は筆を選ばず』といったのは、昔の譬えです。そこで私は、一大決心をもって、世界第一流の工作機械を購入することにしました」

当時のホンダは、オートバイ部品の供給の多くを外部の協力メーカーに頼っていた。ホンダの実態は組立工場だったのである。それを、高精度部品の内製のできる真の生産工場にしたい。だから精度の高い工作機械が大量に必要だ。本田の思いはそれだった。

欧米から買いつけた機械は、たしかにその後のホンダの成長に大きな意味をもった。二代目社長になった河島喜好《きよし》は、この買いつけに欧州に派遣されたのだが、社史の中でこういっている。

「僕ら設計屋は、いい工作機械を見るとうれしくなります。設計のしがいがありますもの。おやじさんも興奮したでしょうね。……それで、思い切り買いまくった（笑い）。……大自動車メーカーさんも羨望の機械。それを使って、ちっぽけなオートバイつくってる（笑い）。けれどこのときの分不相応の大決断のおかげで、いいものができるようになって、やがて自動車づくりにも移れるようになるんです」

たしかに、そのとき買った機械の中には、オートバイには必要ないが四輪車生産には必要なものがあったという。来るべき四輪車生産もまた視野の中にあったのである。

決断をさせたもの、そして決断がもたらしたもの

しかし、この巨額な投資は無謀と紙一重でもある。だが、本田には一種の割り切りもあった。のちに『日本経済新聞』の「私の履歴書」で、この決断について本田はこう書いている。

「私はこの際生産機械を輸入すれば、たとい会社がつぶれても機械そのものは日本に残って働くだろう。それならどっちにころんでも国民の外貨は決してムダにはなるまいという多少感傷めいた気持ちもあった。

いずれにせよ、このままでは世界の自由化の波にのまれてしまうことは必至である。世界の進歩から取り残されて自滅するか、危険をおかして新鋭機械を輸入して勝負するか、私は後者を選んだ。ともに危険である以上は、少しでも前進の可能性のある方を選ぶのが経営者として当然の責務であると判断したからである」(『本田宗一郎 夢を力に　私の履歴書』80ページ)

国民の外貨と日本の産業全体のことを考える視野、そしてつねに前進のエネルギー。いずれも、本田らしい述懐である。

本田は、その自由奔放な言動と明るい人柄、そして天才的な技術者としての能力が広く知られているが、しかし哲学を大切にする人でもあった。とくに、「いい製品のためにはいい部品、いい部品のためにはいい工作機械」という先に紹介した本田の思いは、彼の技術哲学の表れの一つといっていいだろう。また、哲学については、彼の語録にこんな言葉もある。

「人間を動かすスパナは哲学」

「哲学のない人は経営をやることができない」

ただ、当然のことだが、哲学だけではメシは食えない。たしかに、売上や利益では大設備投資直後のホンダは絶好調の急拡大を続けたが、しかし挫折のときもすぐにやってきた。成長のための設備投資は、輸入機械の購入代金も含んで、1954年までには累積で15億円に膨れ上がっていた。

くわしくは述べないが、1954年にはホンダの今日に至るまでの最大の経営危機が、主力製品の改善の不具合に端を発した売上不振で顕在化する。企業間信用に頼る資金調達の弱点が出たのである。ただ、この経営危機をさまざまな努力で乗り越えてはじめて、今日までかなり伝承されているホンダのDNAが社内に根づき、ホンダの大きな成長の基盤が固まっていったのもたしかだった。

この大きな設備投資の決断のもたらした効果は、技術面でも巨大だった。まず、輸入した機械を懸命に使いこなす努力を現場で生み出した。それが現場の技術力を大いに蓄積させた。だからこそ、1958年発売のスーパーカブの開発・生産（投資決断の6年後）、1959年のマン島TTレース参加などを可能にした技術水準の向上がもたらされた。

とくにホンダのスーパーカブ開発は特筆すべき成功であった。発売後60年以上たった現在もまだ、その後継機種が全世界で生産・販売されており、2017年には世界生産累計台数が1億台を超えた。世界の自動車産業の歴史の中でもっとも売れた自動車（二輪だが）なのである。フォルクスワーゲンのビートルもフォードのT型も、遠く及ばない。

私はベトナムで、スーパーカブの荷台に豚を丸ごと載せて走っている姿、4人以上の家族が全員乗っている姿などを見たことがある。世界中で、じつに多様な使われ方をされ続けているのである。

そして、1959年のマン島でのオートバイレース参戦からわずか2年後の1961年、ホンダはこの世界一のレースで一位から五位までを独占するという完全優勝をなしとげた。この大きなレースでの成功がさらに、1963年の四輪事業参入、そして翌年の四輪最高峰のレース・F1への参加につながるのである。そして、ホンダはF1でも翌1965年にメキシコグランプリで優勝してしまう。

こうした快挙の連続の背後に、資本金の30倍の大設備投資という決断があったのである。その決断に至るまで、どのような発想、検証、跳躍があったのか、章をあらためてよりくわしく考えてみよう。

第2章

直感、論理、哲学、すべてを使う

本田宗一郎の決断の背後にある、発想、検証、跳躍

本田宗一郎の設備投資に至る決断までの三つのステップ（発想、検証、跳躍）は、どのように行なわれたのか。何が発想、検証、跳躍のポイントだったのか。それをあらためてまとめてみよう。

まず、最新鋭の工作機械を大量に輸入したいという発想の原点は、「世界一のオートバイメーカーになりたい」という本田の志であったろう。夢といってもいい。その志あるいは夢をもったゆえに、自然に（その意味で直感的に）、いいオートバイのためにはいい部品が必要、そのためには部品の精度の出せる加工をできる工作機械が必要だ、という発想になるのである。その直感の背後には、彼の技術哲学があったというべきだろう。

そしてその上で、どんな機械を具体的に輸入候補にあげるべきか、という発想が出てこなければならない。ここでは、現場の実情をよく知る本田が、どんな機械がネ

ックになって製品の精度が上がらないかの情報を蓄積していただろう。あるいは、河島の前章の引用にあったように、設計者たちにとってはどんな機械が欲しいかは、直感的にかなり明らかであったろう。現場の作業者たちの声を聞いたかもしれない。そうした情報の集積から、かなり自然に購入候補の「種類」などは発想できただろう。

そうした発想は生まれても、機械の性能と価格、そして自分たちの使い道、それらの論理的関係を考え、製品名があげられたリストをつくっていく、より綿密な作業が次にくるだろう。それが、「いい工作機械」という発想の適切さの「論理的検証」の一つの中心である。

さらに、本田や河島は自分で実際に欧米に買いつけに出かけて、現地での実際の情報収集とともに、論理的検証を現場で行なった。本田がアメリカへ、河島が欧州へ、出張した。彼らは、候補の工作機械が使われている現場で、現物も見ただろうし、実際に使われている様子も見ただろう。その結果、こんな機械が買いたい、という発想自体が修正されて、「リストの入れ替えや拡大」ということもあったようだ。

その後には、財布を預かっていた管理担当の副社長で実質的には共同創業者といってもいい藤澤武夫から、全体としての購入可能金額についての論理的検証も入っただろう。それがこの事例でのもう一つの論理的検証の中心で、企業の財務体力などの関連でどこまでの投資が可能かという論理的検証である。その検証のベースの一つとなる資金調達可能金額は企業間信用を中心とした金融をベースにはじき出されたものだろうが、それはそれなりに論理的な基礎もあるものであった。ただ、不幸にして数年後、製品不良の勃発という事件を受けて、その資金調達が危機に瀕してしまったのである。

一応は財務的にも「論理的に可能」ということにはなったにせよ、それでも巨額の投資の決断である。そこでは、跳躍が最後に必要となる。その跳躍に本田が踏み切ることができた背後には、三つのタイプの哲学があった。

第一の哲学は、挑戦の精神である。前章の本田の言葉の引用にもあったように、挑戦しなくても危険、挑戦しても危険があるという状況で、「ともに危険である以上は、少しでも前進の可能性のある方を選ぶのが経営者として当然の責務」という哲学である。

第二の哲学は、公の心とでもいうべきもので、「たとい会社がつぶれても機械そのものは日本に残って働くだろう」という日本への貢献を考える気持ちである。ここまで割り切らないと、この巨額の設備投資を浜松の中小企業が決断することは無理だと私には思える。

第三の哲学は、大投資をするという跳躍そのものを支える哲学というより、跳躍をした後の決断の実行プロセスでの行動の哲学である。それは、現場での機械の使い方の哲学であった。それは、「洪水の哲学」とでも名づけるべきユニークな現場哲学であった。

本田は、実際に機械を使い始めたとき、現場の人たちに機械に付属している説明書の性能以上のものを出せと要求した。必要なら自分たちで改造してでも性能を上げたのである。たとえば、回転数をもっと上げろと本田がいう。担当者が「これが上限と説明書に書いてあります。これ以上に上げると、機械が壊れる可能性があります」と答えると、本田は「おまえ、やったことがあるのか。すぐ、やってみろ」とくる。

本田自身は、こう語っている。

「機械ひとつを動かすにしても、カタログどおりにやっていたのでは、(後発のホンダは)置いて行かれるだけだった。うちはカタログにない無茶な使い方をした。その洪水のおかげで、今日があるんですよ」(『人間の達人　本田宗一郎』１６９ページ)

本田は、天竜川が南アルプスから浜松平野へ流れ出る、その山際の村で育った。天竜川は荒れ川で、しばしば洪水を起こし、それが川底の岩を大きく動かし、川底の汚れをきれいにしてくれたことを知っていた。それになぞらえて、本田は人間にも会社にも、成長のためにはときどき洪水が必要だといっているのである。

その無茶な使い方をしても大丈夫なだけの性能をもっていたのは、国産ではなく、欧米の最新鋭工作機械であった。だから、その輸入が一種の必然となり、そこへの跳躍が支持されるのである。

三つの知的思考、すべてを使う

発想、検証、跳躍という三つのステップは、単純化していえば時間的に一直線に並んでいるように見えるが、実際には相互に絡み合う関係、行きつ戻りつする関係があるのが普通である。

たとえば、発想と検証の間には高速のフィードバックのプロセスがありうる。最初の発想を論理的に検証するプロセスで、その発想の欠陥に気がつき、すぐに修正し、修正された発想に対してさらに論理的検証をする、というフィードバックである。

本田の事例で一つの例をあげれば、最初は購入候補になかった工作機械が、他の工作機械の使い方や必要性の論理的検証のプロセスで、「それならこの別な機械があったほうがいい」とつけ加わっていく、あるいは別の機械が候補になって入れ替わる、といった具合である。

また一つの跳躍が次の発想につながるという、跳躍後の実行から次の発想が生まれる関係もある。

本田の事例でいえば、機械の説明書の限界を超えた性能を出そうとする努力のプロセスから、さまざまな機械購入や改造の仕方、そして加工法の工夫など、多様な発想が生み出されていっただろう。跳躍後の実行プロセスでの学びから、次の決断に向けてのさらなる新しい発想が生まれる、というつながりである。

たしかに、三つのステップは絡み合うが、それでも三つのステップに分割して考えたほうが、混乱は少ない。そして、三つのステップのそれぞれでメインに使われるべき知的思考法が違うのも、分けて考えたほうがいい理由である。

発想のステップでは、直感が中心的役割を果たすだろう。そして発想（発想された仮説）の検証のステップでは、論理が中心となる。そして最後に、判断から実行へと跳躍するステップでは、哲学が主な支えになる。つまり、直感で発想あるいは仮説がひらめく、論理で仮説の適切さを突き詰める、哲学で実行への跳躍を覚悟する。

直感も論理も哲学も、人間の知的思考のツールあるいは方法である。この三つの知的思考の方法のそれぞれを、三つのステップのそれぞれで使い分け、重点を変えることが、決断と実行の連続をきちんとこなしていくためには必要だと思う。その重点を間違えると、思考の機能不全が起きそうだ。

たとえば、直感中心でなく論理中心に発想しようとすると、常識的になりやすい。わかりやすい論理に頼って発想する危険が大きく、そうすれば「思いもかけない」意外な発想など、生まれそうにないからである。あるいは、直感で跳躍しようとすると、無謀になりやすい。根拠なき跳躍になってしまう危険が大きいからである。さらには、哲学で検証しようとすると、言葉遊びになる危険が高くなりそうだ。哲学という抽象的なものに導かれての検証が宙に浮きやすいからである。

なぜ、直感、論理、哲学のそれぞれが、発想、検証、跳躍という三つのステップのそれぞれで中心になるべきかについては、この章の残りの部分でもう少しくわしく解説したい。その解説に入る前にここで強調しておきたいことは、決断に至るまでのプロセス全体（発想から跳躍まで）を俯瞰して考えると、直感も論理も哲学も三つすべてが重要、ということである。これは大事なメッセージである。人によって、思考法に好き嫌いや強さ弱さがあり、自分の得手でない知的思考法をしばしば軽視することがあるからである。

たとえば、論理に強い人はしばしば直感を軽視する。だから、直感が中心的役割を果たす「発想」というステップを軽視しやすい。それでは、つまらない発想（仮説）しか生まれない。逆に、直感の鋭い人は論理的にものを考えるのが苦手であるケースも多く、そうなると発想は豊かに生まれても、論理が中心的役割を果たす「検証」が十分でなくなる危険がある。しかしそんな状態では、多くの発想がとっちらかってまぜこぜになっている計画になり、現実には機能しそうにない。

また、哲学が好きな人は、直感も論理も、嫌うかもしれない。それではただの言葉遊びや空理空論に終わる危険が大きく、現実の行動案としてたしかなものが生まれてきそうにない。

発想のベースは直感

発想とは、仮説を思いつくということである。「こんな製品が底辺需要を掘り起こせるのではないか」という仮説、「こんな工作機械があると、こんな部品をつくれるようになるのではないか」という仮説、などなどである。

この発想という第一のステップで中心的役割を果たすのは直感である。つまり、発想のベースは直感だ、と私は思う。

もちろん、本田の場合のように、彼の技術哲学が直感の奥にさらにある場合もある。あるいは、過去からの経験の蓄積が、ぼんやりとしてでも「論理」(つまり過去うまくいった経験の背後の理由)の蓄積をもたらし、それが直感のベースとなっていることもあるだろう。こうして、直感のさらに奥にあるのは何か、という問題はさらに考えなければならないが、発想を生み出すプロセスの直接の中心は直感だ、といってい い。昔ある経営者から、

「優れた経営者は、直感的に川の深さの目分量ができる。自分たちが渡るべき川か、渡れる川か、という目分量ができるものだ」

という話を聞いたことがある。その通りだろうと思った。渡るべき川、渡れる川だと思えばこそ、そこではじめてそれが真剣な行動案として検討対象となる。くわし

いデータ分析をしてはじめて行動案としての発想が生まれるというのではなく、行動案の候補は直感で発想し、しかしどれが最適かの選択の段階になってはじめて、分析やデータを使った論理的検証が重要になる、ということである。

発想段階では直感がベースになる、といっても、あてずっぽうで考えていい、ドタ勘でもいい、と私はいっているわけではない。いい発想の前提として、基礎的な現実の把握の情報収集ももちろん重要である。そのための、現場観察の蓄積や基礎分析での状況把握は重要であろう。

しかし、観察やデータ分析をいくら積み重ねても、それだけではいい発想は生まれそうにない。そうした基礎情報の蓄積の上に、何かが気になる。なぜ気になるかが明確な場合もあるだろうし、そうでないこともあるかもしれない。しかし、その気になることについてあれこれと考え続けていると、こんなことをしたらいいのではないか、と発想が生まれる。その瞬間は、直感であることが大半だろう。

棋士の羽生善治九段の言葉に、自分が打つべき手を思案しているプロセスについての、こんな言葉がある。

「その場から、突如ジャンプして最後の答えまで一気に行きつく道が見える。ある瞬間から突如回路がつながるのだ。
この自然と湧き上がり、一瞬にして回路をつなげてしまうものを直感という」（『直感力』19〜20ページ）

われわれのような凡人にとっては、最後の答えまでつながる全回路が見えるわけではないかもしれない。その入り口が見えるだけかもしれない。それも、入り口部分の回路がつながった、その回路が見えた、と思えばいい。それを見せてくれるのが、直感なのである。

こうした直感をうまくはたらかせることを、われわれは考えなければならない。経験を積み、知識を積むことも直感への準備としては大切だが、そうした蓄積の上に直感がはたらくための工夫も考える必要がある。その工夫についての試論を書くのが第3章と第4章の目的だが、この項ではまず、論理や哲学を発想のベースとせず、あえて直感というあやふやに聞こえるものを発想のベースとする、というスタンスを強調したい。

もちろん発想というステップの後にはきちんとした論理的な検証のステップがくることを前提にして、しかし発想の段階ではなるべく可能性を拡げられるような発想の多様性を求めることが、最重要である。そこに、直感の役割がある。

すでにここまでで述べているように、論理をベースに発想を生み出そうとしても、それは既存の論理のほんの少しの延長線上の発想しか出てきそうにない。常識的な線で落ち着くような発想になりそうだ。論理的チェックを無意識にかけてしまって、発想の豊かさにつながりにくくなるからである。

哲学をベースにした発想のほうが、まだ少しましかもしれない。少なくとも「飛んだ発想」にはなるかもしれない。しかし、哲学という抽象的なものをベースにする発想は、宙に浮き過ぎる危険が大きい。それでは、発想がとめどもなく拡がることにつながったり、単なる絵空事の発想にまで飛んでしまう。

検証のベースは論理

どんな経緯で発想（あるいは仮説）が生まれるにせよ、その発想の適切さの検証プロセスが、有効な行動を選択するためには必要となる。検証の結果として「判断」というものを生むためのステップである。検証が終わらなければ、誰も判断などできない。発想とは、仮説構築。判断とは、仮説検証の結果を踏まえての選択なのである。仮説がつまらない仮説であれば、そこからどう仮説の検証をし、判断を的確にしても、結果としての選択はつまらないものになるだろう。検証プロセスとしてはいくら堅牢でも、結果はつまらないものにならざるを得ない。

しかし、発想が面白いものでも、その発想の成否、実行可能性、成果の大きさなどについて的確な検証力がなければ、間違った選択をしてしまう危険が大きい。だから、検証の力が大切になることは、自明であろう。

その検証ステップで中心的役割を果たすのは、論理である。

検証のステップで行なわれなければならない内容は、基本的に二つある。まず第一に、発想全体が内部で矛盾を起こしていないか、という検証である。本田の事例でいえば、工作機械を4億5000万円かけて輸入したいという発想が企業が調達可能な資金額と矛盾していないか、という検証がその一例である。

もう一つの検証は、その発想が現実にうまく機能する、とてもいい成果を生む、という筋道をきちんと描けるか、という検証である。工作機械の輸入の例でいえば、いざ輸入したとして、それをどのように使って部品の精度をどれだけ上げられるか、その結果がさらに製品の機能向上にどうつながるか、という筋道をきちんと描くことである。

発想の内部矛盾の検証は、論理破綻を内部で起こしていないかという検証である。発想の現実的機能の検証は、論理的にうまくいくという筋道（あるいはメカニズム）の説明ができるか、という検証である。この二つの検証のいずれでも、鍵は「論理」である。**つじつまがきちんと合っているかの論理整合性（内部矛盾がないか）、現実がこの発想の実行によってどう動くかという論理的メカニズム（現実的に機能するか）、という意味での論理**である。

私はここで、データによる検証、ということをいっていない。データと論理の関係については、この本の後半の部分でいろいろと論じたいと思うが、**データが教えてくれるのは、検証のプロセスの中で描ける論理の筋道が複数出てきたときに、どの論理が現実によって支持されやすいか、現実に機能しやすいか、ということだけである。**

つまり、データはどの論理が有力かは教えてくれるが、どの行動案が適切かは直接的には教えてくれない。行動案Aをとったらどのような論理で何が起きていくかのメカニズムを論理的に用意できずに、ただ「適切そうに見える」と過去のデータがいってています、それで検証になっていると思ってはならない。あくまで、まず論理をつくり、どの論理が正しいかの最終チェックだけをデータが助けてくれるのである。

しかし、しばしば「なぜかわからないけど、過去のデータがこうしろといっている」という判断の仕方をする人がいる。それは「論理なきデータ」で検証していることになるが、おそらくその人は想定外の事態でも起きたら表面的な対応しかできないだろう。事前の論理がないのだから、「なぜこの行動案はうまくいかなかったのか」の論理をつくれない。ゆえに、きちんとした対応策はつくれないのである。

「データでなく論理による検証が中心、しかしどの論理が正しいかの検証を過去のデータに頼ることはある」、というスタンスが重要なのである。ただ、データとは過去のデータ、あるいは別の状況でのデータだから（だからデータという測定値が存在している）、未来に起きそうなことを検証せざるを得ない場合の仮説検証において、データの有効性は小さいことも多い。だから、データに依存するのでなく、あくまで論理をベースにするのが検証ステップの基本であろう。

本田は、発想がしばしば奇抜でユニークだったが、理屈を大切にする人だった。理屈に合わないことを平気でやってしまう部下には、怒りをぶつける人だった。高速回転をする論理の頭をもっていたのである。だから、発想の論理的実現可能性を瞬時に見分けることがしばしばだったようだ。

跳躍には哲学が必要

こうして、私は検証（とその後の選択）のプロセスでの論理の役割を重要視するのだが、しかし、いくら情報を集めても、いくら論理的に詰めても、まだわからないこと、不確実なことが残るのが、経営の現場の常である。知的な作業で詰め切れない、何かがつねに残る、と言い換えてもいい。

しかし、その残った「わからない部分」「詰め切れない部分」があるからといって、行動をとらなければ経営の実態は動かない。だから、前章にも書いたように、知的判断の領域から行動の領域へとあえて飛ぶ、その跳躍が実行への決断の第三のステップとしてどうしても必要になるのである。

もちろん、小さな決断であれば、大きな跳躍は必要でないだろう。跳躍とすら意識しないことも多いかもしれない。しかし、大きな決断であれば、跳躍を意識する、あえて「わからないことが残っていることを覚悟して」実行へと足を踏み出すことが必要となる。そこで哲学が必要となることは、すでに「決断＝判断＋跳躍」という項で強調した通りである。

ただ、深く哲学が身についた経営者の場合は、「跳躍」などとことさらに意識することもなく、ごく自然に検証と判断の世界から行動の世界へと跳べる可能性も高い。それは、「ことさら意識しない」ということであって、「哲学なく跳躍している」ということではない。

その哲学とは、難しい思弁的な観念などではなく、「自分よりはるかに大きなものに受け入れられる感覚」、といってもいいように思う。受け入れられると感じたとき、跳躍に踏み切れる。小倉のいう、「神様に聞くんです。それでいいかなとなった」ということである。

その大きなものに受け入れられるかどうかの見極めの感覚を、多くの経営者が、「天命に問い掛ける」（花王の創業者・長瀬富郎）とか、「自然の理法に合っているか考える」（パナソニックの創業者・松下幸之助）と表現する。

天命とか自然の理法と表現されているものは、世の中が動いている大きな原理、と言い換えられるだろう。小さな存在としての自分たちがいくら努力しても、世の中の大きな原理に反していれば、成果などあがるはずがない。その大きな原理がどのようなものと自分は考えているか、というのがその人のもつ哲学である。その哲学に照らして、この跳躍はしていいものか、と考える。

そこでの跳躍は、自分たちの力の小ささをよく知った上での跳躍、というべきだろう。たしかに力は小さい、だがしかし世の大きな原理に受け入れられるものなら、跳躍をした後でなんとかできるだろう、と考える。決して、自分たちならこれもできる、あれもできる、と傲慢に考えての跳躍ではないのである。

宮城谷昌光氏は春秋時代の名宰相・子産を描いた小説で、名君とは何であるか、を問い、次のように書いている。

「生涯、恐れつづける人が名君であると子駟（この小説の主人公の伯父、筆者注）はおもっている。端的にいえば、天の高さを恐れ、地の広さを恐れ、人としてのおのれの無力さを恐れる。その無力から踏みだしてゆく行為が、天の道に、地の理に、かなっているかという意識をもちつづけているがゆえに、恐れは尽きることはない」

（『子産　上』上巻、262ページ）

「その無力から踏みだしてゆく行為」が、この本で私がいう、跳躍である。そこでは、天の道、地の理にかなっているか、という意識をもたねば、踏み出せない。それが、本書でいう「哲学に問う」ということである。

論理の蓄積が直感を生み、論理の堅牢さが哲学を支える

こうして私は、発想、検証、跳躍、という決断に至る三つのステップで、直感、論理、哲学、という三つの思考法がそれぞれに意味をもつと強調しているのだが、三つの思考法の中でも論理が基礎ベースとして最大の役割を果たしている、とも思っている。それを、この章を終わるにあたって、説明しておきたい。

それが、この項の小見出しにした、

「論理の蓄積が直感を生み、論理の堅牢さが哲学を支える」

という文章の意図である。

まず第一に、直感の優れた人の多くは、過去に現実的に成立したさまざまな論理についての知識の在庫が頭の中に多い人である。だから、論理の蓄積が直感を生む、

といえる。もっとも、過去の論理の在庫が大きくてもその使い方が下手な人には、直感ははたらきにくいだろうが。

そうした論理の在庫を、理論として知識で習得した部分もあれば、自分の経験の背後の論理を自分なりに考えて在庫にした部分もあるだろう。あるいは、他人の経験や歴史を学ぶことによって知り、その背後の論理を考えた部分もあるだろう。歴史を学ぶということは、歴史上に成立してきた論理を学ぶということが本質で、歴史的に起きた事象の記録を学ぶだけでは将来には役立たない。

次に、「論理の堅牢さが哲学を支える」とは、哲学をもった跳躍が成功するのは、あるいはそもそも跳躍自体が結果として成果を生むのは、跳躍の前に堅牢な論理の積み上げのプロセスがあるからだ、という意味である。論理的な検証をきちんと行なった上での判断の後でこそ、跳躍の哲学が生きる。いいかげんな論理のあげくに跳躍だけをしても、それは実行計画が甘かったり想定外のことが起きたときの対応が下手になったりして、結局は失敗するだろう。

さらには、そもそも哲学が人の血となり肉となるプロセスでも、論理が貢献するだろう。論理を積み重ねるプロセスの経験、そしてその論理だけでは最後の跳躍にはまだ足らないという経験を経ることによって、ますます「論理を超える」哲学の重要性を人は感じていく。だから哲学を身につけなければと思うようになる、ということである。

こうした相互連関を、次のようにシンプルに表現するとわかりやすいかもしれない。

論理なき直感は、外れやすい
論理なき哲学は、空回りする

最初の文章は、論理の蓄積の少ない人の直感は機能しない、とも言い換えられる。直感としてひらめいた感覚があっても、結局はダメな発想しか生まれないのである。第二の文章は、跳躍の前に堅牢な論理の積み上げプロセスがないと、哲学ある跳躍も成功しにくい、と言い換えてもいい。哲学に深みがなく、また言葉遊びに終わりやすく、跳躍の形はとっても、着地後に空回りするのがオチであろう。

こうして論理を中心におく知的思考が経営では大切だと私も考えているのだが、しかし、論理だけを過大に強調する「論理バカ」にはならないほうがいい。その危険を心に留めおくために、直感や哲学の重要性も強調しておくのが、フェアであろう。

論理の蓄積はいい直感を生むための蓄積としては大切だが、しかし直感なき論理だけに走るのは、つまらない発想に対してきちんと形が整っただけの検証をすることになる。したがって内容のない空虚な話になりそうだ。それをあえて、

直感なき論理は、貧しい

と表現しておこう。

論理の堅牢さは哲学が生きるためには大切だが、しかし哲学がない跳躍はうまくいきそうにない。跳躍後の行動が世の中に受け入れられず、また組織の人たちもついてきてくれない可能性も高い。本田もいったように、人間を動かすスパナは哲学なのである。それをあえて、

哲学なき論理は、悲しい

と表現しておこう。

こんな表現が何を意図したものか、読者にわかっていただけるように以下の章の説明を心がけたい。

第3章

直感が、発想を豊かにする

発想とは、仮説をひねり出すこと

発想するということは、「こうしたらうまくいくのではないか」という仮説をひねり出すことである。その仮説をひねり出すベースは、基本的には直感である。直感がはたらいて発想が生まれるとは、生まれた発想がなぜいいのか論理的にはまだ説明できないが、しかしいいのではないかと思える、ということである。そうした直感を駆使して、いい発想を豊かに生み出したい。

論理的推論を積み重ねれば、いい発想が出てくる、というわけではない。既存の論理だけに頼ると、つまらない常識的な発想で終わってしまう危険が大きいことは、すでに説明した通りである。

序章で紹介した通り、日清食品の創業者・安藤百福の場合、即席ラーメンを工業化できたら多くの人の食のニーズを満たせるのではないか、という仮説をひねり出したのである。そのためには、どんな即席ラーメンなら人々が喜ぶか、という製品コンセプトの仮説がまず必要だし、その製品を実際に消費者の手に届けるためのビジネスモデルとしてはどんな仕組みをつくればいいかという仮説も必要である。さらには、質の高い製品の生産を経済性をもって行なえるような製法についての仮説も、類似品のまったくない製品の実現のためには必要だった。

一つのビジネスが、一つの戦略が、成功するまでには、多種多様な仮説をひねり出す必要がある。ひねり出された仮説の適切さをきちんと論理的に検証して、その集大成として実際の戦略全体の中身が決まっていく。

発想の出発点は、妄想でも真似でも、あるいはその他の思いつきでもいいだろう。

妄想とは、そんなバカなと多くの人が思いかねない、しかし発想する本人にとってはありうると思える、発想である。安藤の即席ラーメンの発想は、次項でよりくわしく説明するが、戦後の闇市のラーメンの屋台に並ぶ人々の行列の長さがきっかけとなって安藤が直感した、当時としては妄想とでもいうべき発想として出発した。

妄想を出発点とする発想は、誰もが考えそうもない妄想だからこそ、それがきちんとした仮説に鍛え直されたら、意外性やオリジナリティの高い発想になりそうだ。

しかし、発想の出発点は真似でもいい。歴史上あるいは地理的に、いつかどこかで誰かがすでに実現している発想を真似ることから出発して、それを自分たちのおかれた市場の状況などにぴったりと合うように変形していく。そうすると、変形後の発想はその市場にとってはオリジナリティのあるものになる可能性が十分ある。

たとえば、ホンダのスーパーカブの発想は、ヨーロッパのモペッドという小型オートバイのいわば真似から出発している。本田はヨーロッパの現地に旅行してこのモペッドを見て、小型オートバイの可能性を直感した。しかし、その真似という出発点を鍛え直した後の本田宗一郎独自の製品コンセプトは、日本市場にはきわめて創造性の高い、かつニーズにぴったりした発想であった。

発想というと、創造性やオリジナリティを求められると思い込む人が多い。しかし、真似を出発点にしてかまわない。最後まで真似だけというのではダメだ、というだけの話である。

出発点が妄想であれば、それをより現実の世界に近づけるべく着地を目指すこと。真似が出発点であれば、その最初の真似から脱皮してよりオリジナリティのあるものに昇華していくこと。そのプロセスが大切で、そのプロセスを駆動する中心に直感がある。

どんな出発点であれ、その出発点をそもそも思いつくのも直感がベースであろうし、いずれの出発点からも仮説が鍛え直されていくプロセスでも、直感的発想と論理的検証の繰り返しが基本であろう。

その直感のはたらき方の基本構造と直感がはたらく基盤として準備されるべきものは何か、を考えるのがこの章の役割である。次章でさらに、その基盤の上で、実際に直感を効率的にはたらかせるための工夫は何か、について考えよう。

安藤百福、即席ラーメンの発想

チキンラーメンの開発に安藤百福が取り組み始めたのは、1957年のことだった。安藤は決して食の世界一筋の専門家ではなかった。それまでに、メリヤス販売事業の創業、栄養食品の開発・販売、さらには信用組合という金融機関の理事長など、さまざまな職業を経験していた。

そして、この信用組合理事長職のときに人にだまされたあげくに背任罪で執行猶予付きの有罪判決を受け、財産も自宅以外はすべて失った失意のどん底で、即席ラーメンへの取り組みを47歳の年齢で始めたのであった。その素人・安藤によるチキンラーメン大成功のプロセスでは、じつにさまざまな発想が安藤自身の直感によって生み出されている。以下ではその中から、三つの発想を取り上げよう。それは、即席ラーメンという製品コンセプトの発想、自ら開発・生産・販売するというビジネスモデルの発想、瞬間油熱乾燥法という製法の発想、である。

即席ラーメンという製品コンセプトの発想は、まだまったく類似品も何もない新製品のコンセプトの発想である。そのコンセプトの出発点は、もちろん屋台のラーメンという食品のいわば「真似」ではあった。その意味で、ラーメン自身には新規性はない。しかし、簡単にお湯を注ぐだけでつくれる「即席」というコンセプトをラーメンに加えたところがすごい。誰もそんなことが可能だとも思っていなかった発想で、妄想といっても最初は過言ではなかったろう。

そもそもラーメンには社会的に大きな需要がある、という安藤の発想の原点は、戦後の闇市の光景であった。屋台のラーメン屋の前で人々が長い長い行列をつくっていた。ラーメンを喜ぶ闇市の人々の姿という視覚的刺激、イメージ、光景、というものが、安藤の直感を刺激し、彼の思いの原点になっている。

さらに安藤には、戦時中に憲兵隊に逮捕されたときの獄中の食にまつわるきわめて苦い経験があった。同房の被疑者たちが、汚れて臭いのする支給食を食べられない自分が残した分を争って食べる姿に、人間の食への欲求の深さを見ていた。そして、その自分自身がついにはそうした食事をなんとも思わずに食べるようになる変化にも驚いていた。

食こそ人間の原点、という思いが凝縮されていったのである。

それでも安藤は、闇市のラーメン屋の行列を見てすぐに即席ラーメンの開発に乗り出したのではなかった。さまざまな事業を戦後の混乱期の中で手がけ、大きな浮沈を経験して何も自分の手元にはなくなった1957年にはじめて、闇市での原点に回帰したのである。

さらに安藤には、小麦粉を食品材料として利用する社会的必然性があるという、当時の状況についての知識があった。戦後の一時期、栄養食品を開発・販売していた時期に、厚生省（当時）との関係が生まれ、そこでの役人との会話の中から供給過多という日本の小麦粉事情を教えられた。小麦粉が占領軍によって貧しかった日本社会に大量に供給されていた時代だったが、パン食をあまりしない当時の日本人では、小麦粉を持て余していたのである。

「パンだけではダメで、麺の形にするほうがいい」という安藤に、厚生省の役人は「それなら安藤さん、自分で麺を開発・工業化してみたら」と挑戦した。その言葉ですぐに安藤が動いたわけではなかったが、それは安藤の記憶に長く残っていた。

　では、どうすればラーメンの工業化といえるか。消費者の手元に工場から届いた製品が、すぐ食べられるラーメンになっていることが必須であろう。ゆでる必要、スープをつくる必要がなく、すぐに食べられる。もちろん、お湯は消費者が注ぐ必要がある。しかし、その「最終工程」を除いて、すべて終わっているラーメン。それが即席というコンセプトである。

　店で食べるおいしいラーメンも、自分でつくるには面倒過ぎる。麺をゆでる必要があるし、スープを用意する必要もある。その手間がラーメンへの需要拡大の障壁になっている。だから、その手間をほとんどなくすことの価値は大きい、と安藤は考えた。それは論理的な分析というより、ほとんど直感的な発想であったろう。

　そして、その即席麺が大量生産されれば、コストも安くなる。簡便な食品を工業的に大量供給することによって小さな町のラーメン屋ではつくれない社会的インパクトを生みたい、という思いも即席ラーメンの発想の背後にはありそうだ。

自ら開発・生産・販売を行なう

こうした製品コンセプトを発想したとしても、麺に関連する事業の経験がゼロの安藤としては、この製品の開発・生産・販売を誰かと共同で行なうという発想も論理的に考えればありえたはずである。つまり共同開発・共同事業というビジネスモデルの発想である。

しかし、安藤の直感はその発想をとらなかった。開発も生産も販売もすべて自分で手がけるというビジネスモデルの発想へと突き進んだ。これもまた、財産も失った当時の安藤、しかもこの分野の技術や事業の経験ゼロの安藤としては、妄想に近い発想というべきかもしれない。しかも、実際に思いついてすぐに自宅の庭に小さな小屋を建てて、そこを研究室として開発に自分で乗り出したのである。

このビジネスモデルの発想の背後には、一応、「工業生産の加工食品」と性格づけしてもいいような事業での安藤自身の経験が、あったことはあった。安藤は、終戦直後に泉大津市で鉄板の上で海水を濃縮させて塩をつくるという事業に乗り出したことがあった。さらに、その塩事業の延長で病人のための栄養補助食品の開発・生産をも自ら手がけ、成功させた経験もあった。いずれも、規模の大小は別にして、工業生産による加工食品の供給なのである。

安藤は、厚生省の役人に挑戦された、「麺製品の工業化」を実現したかったのである。そのためには、開発・生産は自分でやるのが一番いい。それが彼の直感であった。それも、工業化というコンセプトに沿った直感的発想なのであろう。

それにしても、技術的にまったくの素人なのに、なぜ即席ラーメンの開発を自宅の小さな小屋で始めるのか。

たとえば本田の場合、工作機械の輸入の決断の後、スーパーカブというお化け製品の開発を始めるのだが、そもそもオートバイの開発・生産をやる企業をすでに経営しているのだから、小型オートバイの開発はごく自然であった。しかし、消費者向けの麺事業の経営などを行なっているのでもないのに、なぜ独力で開発するという発想が安藤に生まれるのか。もちろん、それが自分にできそうだと思えるからこそ、独力開発の発想が生まれるのだろうが、なぜそう思えるのか。

たしかに、塩や栄養補助食品での過去の開発成功経験があるがゆえの、「苦労をしてもなんとかなる」という直感は大きいだろう。製品コンセプトの発想のユニークさ、あるいは従来の常識からのジャンプの大きさもまた、他人が手伝ってくれそうもない理由であったろう。他人には理解できない「妄想」に見えるのである。

実際、安藤は、栄養補助食品会社を経営していた頃に、部下に即席ラーメンの開発をもちかけたことがあるのだが、「あれは屋台で食べるものでしょう」とあまり真剣に取り合ってもらえなかったそうである。

だがおそらく、独力開発という発想も、安藤自身にはまったく自然なもので、それ以外はありえなかったのだろう。いわば、彼の性格、ものの考え方の基本が、面白いことは自力でまずやる、という発想だと思われる。

それは、彼の人生が物語っている。戦前のメリヤス事業への参入も、自分に経験があったからではなかった。塩の開発・生産も、栄養補助食品の開発・生産も、それ以前に大きな経験値があったわけではない。それでも、社会的に意味がある発想と思えるものを自分が思いついたら、自分でトライしてみたい。そんな発想がすぐ生まれるのは、基本的には性格の問題だろう。

ここでは、発想だけでなく、すぐに独力開発の実行が開始されていることに注意しよう。発想するとすぐに実行へと跳躍して、小さな決断を行なってしまっているのである。その跳躍に、安藤の性格が貢献しているのである。子どもの頃からの好奇心、冒険心ということもあるだろう。あるいは、なんでもやれそうに思える、いい意味での「自己肥大」の感覚もあったようである。そうした「性格」が、直感的な発想からただちに独力開発の実行へと跳躍する際の鍵の一つだろう。本田宗一郎も、「やってみもせんで、何がわかる」が口癖で、とにかく思いついた発想を自分ですぐに試す性格の人だった。

麺を油で揚げる

自分で開発しようとする発想を実行に移すとすぐに、安藤は製品コンセプトの具体化にとりかかった。安藤のいう、「工業化への五条件」である。「おいしいこと」「保存性」「便利」「安価」「安全」の五つである。この五条件を早い段階できちんとつくったことが、その後の開発プロセスでの指針となった。麺の材料バランスやスープの味の決定、スープの麺へのしみ込ませ方、などさまざまなことを決めていかないと即席ラーメンの製法開発は成功しないのだが、それぞれの悩みを解決し、新しい製法の発想を生み出す際の基盤に「工業化への五条件」がなっていったのである。それは、開発の際に解決すべき障害にぶつかったときに、この条件が問題意識の明確化と整理の役割を果たし、安藤の直感を導いた、ということである。

安藤はまた、こうした開発の壁を乗り越える際に、栄養補助食品（ブランド名はビセイクル）の開発プロセスでの経験が脳裡に刻み込まれていたことが役に立った、と語っている。ここでは、過去の経験が直感を導く役割を果たしている。

即席ラーメンの開発開始から最初の試作品完成まで、一年はかかった。もっとも、一年しかかからなかったというべきかもしれないが、安藤の一心不乱の努力があった。その開発の苦労の中でももっとも重要な発想は、保存性を即席ラーメンにもたせるために、スープをしみ込ませた麺から水分を抜くための製法のアイデアだろう。

のちに「瞬間油熱乾燥法」という名で特許をとることになる、高温の油で麺を揚げて水分を飛ばす、という製法である。この製法のおかげで麺に独特の香ばしさも生まれて、即席ラーメンのおいしさをさらに引き立たせるという意図せざる効果もあった。この製法の発想が生まれたプロセスは、まさに直感のひらめきの典型例である。

直接のきっかけは、安藤家の台所の天ぷら揚げであった。妻が夕食の天ぷらをつくっているところを、水分を麺から抜くためのアイデアに四苦八苦していた安藤が偶然に見たのである。

天ぷらを揚げるとき、パチパチと音を立てて、泡が天ぷらから油の表面に出る。その泡は、衣の中の水分が高温の油によってはじき出されてできたものである。そして、揚げ終わった衣には、水分が油にはじき出された軌跡が小さな孔になっていて、無数に空いている。それにピンときた安藤は、麺を数本、油に入れてみた。たしかに、麺の水分は飛び、そして揚げた麺の表面には小さな孔が無数に空いていた。

その孔が残ることは、安藤にとっては大きな意味があった。即席ラーメンにお湯を注いだとき、その孔があるからそこからお湯が乾燥した麺の中に素早く入り込み、麺を柔らかい状態に短時間で戻してくれるのである。だから、簡便性（即席性）も確保できた。工業化の五条件をきちんと整理して意識していたからこそ、小さな無数の孔が麺に空いていることの意義の大きさをすぐ理解できたのである。

たしかに偶然のきっかけではあった。しかし、偶然だけを強調すべきでない。こうした「偶然のきっかけがもたらす、瞬間の直感的ひらめき」は、多くの発明物語に出てくるものである。だが、「なぜひらめくか」を考えれば、そこには共通の基本構造がある。

それまでのさまざまに苦労した実験・試行の積み重ねが生み出してくれる「シャープな問題意識」と「観察結果の蓄積」があるからこそ、偶然見た現象が直感の中に強く取り入れられる、つまりピンとひらめくのである。安藤の場合、問題の本質を「保存のためには水分を抜くことが重要」と強く意識していたから、また失敗を繰り返していたからこそ、台所の天ぷらという一つのきっかけから直感がひらめいた。

どんな発想が「いい発想」か

いくら直感で発想がひらめいても、その発想が「いい発想」でないと、経営としては意味がない。安藤の例では、大成功したビジネスでのさまざまな発想をここで解説しているから、そもそもが「いい発想」ばかりなのである。そこで、その安藤の事例を一つの材料として、いい発想が備えるべき条件を考えることができる。そして、そんないい発想を生めるような直感の基盤も考えることができる。

それを目指して、まず、どんな発想がいい発想なのかを考えてみよう。

私は、いい経営につながるいい発想とは、経営への効果が高いもので、それには少なくとも次の三つの条件の中のいくつか、あるいはすべて満たしている必要がある、と思う。

①発想の大きさ
②発想の奥行き
③発想の意外さ

発想の大きさとは、その発想がカバーしうる時間的、空間的視野の広さ、ということである。広い範囲で有効である可能性の高い発想は、全体としての有効性の総量が大きい、ということである。安藤の場合、即席ラーメンという製品コンセプトは、闇市の人々ばかりでなく、普通の家庭で使われる、それも茶の間でも受験生の部屋でもキャンプ場でも使われる、という空間的広さがあった。もちろん、時代が変わっても味を変えることによって対応できるという時間的視野の広さがあった。それは、人間の本質的欲求に応える製品コンセプトだったからであろう。

発想の奥行きとは、その発想からのさらなる発想の展開可能性の大きさ、バリエーションという奥行きの深さのことである。即席ラーメンからの展開可能性は、いろいろとありえた。その一つが、ラーメンだけでなくその麺を入れた容器まで同時に提供して、どこでも食べられるような即席麺というコンセプトへの拡がりである。それが、カップ麺だった。カップの中に即席麺を入れ、具材も入れられるようにしたのである。この発想の展開は、そもそも即席ラーメンという製品が完成していなければ、生まれない展開である。だから、即席ラーメンという発想はそれだけの展開可能性を秘めた「奥行きの深い発想」といえるのである。

発想の意外さとは、従来の類似発想あるいは常識からの距離の長さである。遠くに飛んでいる発想ほど、意外さというサプライズ価値がある。その意外さが、社会の欲求に応えている意外さなら、成果は大きいであろう。即席ラーメンという発想は、誰も想像もしなかった発想という意味では、意外さ満点である。

自分で開発から生産・販売までやって工業化するというビジネスモデルの発想も、瞬間油熱乾燥法という製法の発想も、この三つの条件を兼ね備えている。

まだ事業を始めてもいない安藤が開発から販売まですべて行なうというビジネスモデルは、その発想から事業拡大へつながる大きさがある。自分ですべてやっているからこそ、発展への障害を自己努力で解決できる。もちろん、発展のための資源投入を自分できちんとする必要が出るのだが。

さらに、この一貫体制ゆえに、その後もさまざまな改善努力、コストダウン努力、さらには新製品開発努力（たとえば「カップヌードル」の開発）が自社内で効率的に行なえる。つまり、このビジネスモデルの発想にはじつに多様な努力がさまざまな果実を生み出せる奥行きの深さがあるのである。また、当時の食品加工業としては、開発から販売までの一貫のビジネスモデルは意外であったろう。

瞬間油熱乾燥法は、時間的・空間的に広い範囲で有効である。この製法は現在も多くの即席麺の製法の国際的な基本なのである。発想の奥行きという点でも、さまざまなバリエーションを生める製法だからこそ、いまだに国際的な基本製法なのである。発想の意外さという点でも、麺を油でいったん揚げるという意外さは大きい。

こうした「いい発想」の三条件を満たすような発想を生める人はどんな人か、についてのヒントもまたこの三条件から考えることができる。

まず、発想の大きさの背後には、志の高さ・大きさがありそうだ。単に利益をあげたいということだけでなく、安藤の場合であれば、食を通して戦後の貧しい生活の向上に貢献したいという思いもあった。だからこそ、闇市で見たラーメンの記憶が長く残り、その思いが凝縮されて、即席ラーメンの発想へとつながるのである。

奥行きのある発想を生み出せるためには、その人が人間の欲求や限界についての本質的な理解をもっている必要があるだろう。たとえば、チキンラーメンができ上がるまでに待つ時間の3分間は、人間にとってどういう3分間か、を安藤はよく考えたのだろう。5分では長過ぎて、多くの人は受け入れてくれない。どんな味なら人は受け入れてくれるかをも安藤は懸命に考えた。そうした微妙な点をクリアしないと、奥行きのある、人間のニーズにしっかりと寄り添った製品はできない。そして、そうでなければ、製品展開の奥行きは出ないだろう。

意外さのある発想を生み出せる人は、頭が柔軟である必要がありそうだ。いい意味の気楽さ、楽観に加えて、常識にとらわれない「非」真面目な頭である（非常識でも不真面目でもない）。素人なのに麺を打つことから始めてみようとする。天ぷら鍋の油の中の泡を見て、ラーメンに応用してみようとする。そんな柔軟性が安藤にはあった。

直感の基本構造と直感の基盤

こうした「いい発想」を生み出せるように直感がはたらく、そのメカニズムの基本構造はどのようなものだろうか。それを次の三つの要素で考えるという理解の枠組みを、ここでは提示したい。

①直感の基盤を整備する
②直感を刺激する
③直感を回転させる

つまり、直感がはたらくための基本構造は、直感の基盤ともいうべき要因がきちんと準備されている状況にその人があって、そこに直感を刺激する工夫が加わり、最後には直感を回転させるとでも表現すべき状態にまでもっていけること。それで、直感が本当にはたらくようになる。この基本構造のうちの最初の要因についてこの章の残りで解説し、直感の刺激と直感の回転については、次章で語ることにしよう。

さて、直感がはたらくための基礎要因（つまり直感の基盤）とは、次の三つの要因からなっていると私は思う。この三つの要因のレベルを上げる、準備状況をよくするということが、直感の基盤を整備するための主な内容である。

a．思いの凝縮
b．シャープで柔軟な問題意識

c. 観察と経験の蓄積

思いの凝縮とは、自分が大切と思うことについて深く考え続ける姿勢、といってもいい。安藤の場合であれば、食への思い、ラーメンの工業化への思いである。これが直感の強度を決める。その思いの凝縮が、直感のアンテナをはりめぐらさせる。だから、少しの刺激でも直感が強くはたらく基盤になるのである。

思いを凝縮して長い間維持し続けられる人は、志やビジョンのある人であろう。安藤にはたしかに志やビジョンがあった。

しかし、思いが強いだけでは、必ずしも直感がきちんとはたらくかどうかわからない。思いだけが空回りする危険もある。そうならないためには、その思いがより具体的な問題意識としてシャープに整理され、明確になっていることが必要だろう。そのシャープな問題意識が、直感を方向づける。そしてさらに、直感が多様にさまざまな方向ではたらくためには、そもそもその問題意識に柔軟さ・多様さがなければならないだろう。だから、直感の第二の基盤が「シャープで柔軟な問題意識」となるのである。

安藤の場合、この問題意識の明確化の一つの具体的手段が、工業化の五条件を明示的に製品開発の初期段階で考えたことである。それが、直感のはたらきに方向づけを与えた。この条件をとにかく意識しながらあれやこれやと考え続けるから、その方向での試行錯誤が多くなり、その集積から直感がはたらきやすくなるのである。シャープな問題意識が直感をドライブし、柔軟な問題意識が発想の意外さにつながる、といってもいいだろう。

こうした問題意識をもてるのは、頭が柔軟で「非」真面目な人である。安藤はそのいい例であろう。だから、発想に意外性が生まれる。たとえば、天ぷらの泡から麺の乾燥法が直感的にひらめくのである。

基盤としての、観察と経験、そして論理

直感の第三の基盤は、観察と経験の蓄積である。その蓄積の豊かさが、直感をはたらかせる土壌となり、その結果としての発想に大きさや奥行きを与えてくれる。それは、この蓄積の豊かさが発想のタネの豊かさ、幅広さをもたらしてくれるからである。この基盤は、直感の強度にも方向づけにも意味があるだろう。

安藤の場合、さまざまな事業経験、そこでの浮沈の経験、そして塩や栄養補助食品での経験が、苦い教訓とともに豊かな観察をもたらし、彼の体の中に経験として蓄積されていた。それが、彼の直感を動かす基盤の一つだったのである。

さらにいえば、発想のタネを豊かに蓄積できる人は、人間行動の本質を考える人であろう。常識にとらわれず、本質を考えるからこそ、いろいろなことに気づき、それが集まって幅広い蓄積となる。だから、発想に大きさや奥行きが生まれる。安藤自身がこう書いている。

「経験の積み重ねは、人に不思議な潜在能力を与える。……なにか困難に遭遇したとき、新しいことを企てようとするとき、そうした過去の蓄積が、常識をはるかに超える力を発揮させてくれる。

チキンラーメンの発想にたどりつくには、四十八年間の人生が必要だったのである」(『奇想天外の発想』13〜14ページ)

おそらく、安藤のいう「経験の積み重ね」とは、単に経験した事柄の蓄積というだけではない。その経験の上に、なぜあのときはうまくいったか、なぜ別のときには失敗したか、と頭の中で反芻《はんすう》を繰り返して、自分なりの「成功と失敗の論理」をある程度抽象化したレベルでつかんでいたのではないか、と私は推測する。その「論理の蓄積」があるからこそ、「常識を超える力」となりうるのである。

安藤の場合だけでなく、「観察と経験の蓄積」のさらに背後に「論理の蓄積」がある場合、それは直感の基盤としてより強力なはたらきをするだろう。

「今日の直感は、昨日までの論理の蓄積の成果である」

という言葉を聞いたことがある。その通りだと思う。直感がはたらくとは、「あんなことがあった、こんなこともこうして起きている」という過去の現象の背後にある論理の在庫の中から、適切な組み合わせを意識下で考えていることが多いのである。だから、新しい「うまくいく論理」の候補を「直感」として思いつきやすい。

それが、前章の最後で強調した、「論理の蓄積が直感を生む」という現象の一つの説明である。もちろん、理論から学ぶ、歴史から学ぶ、とさまざまな論理の蓄積がありうる。どのような経路を経た蓄積にせよ、論理の蓄積は直感の基盤としてきわめて大切なのである。

第4章

直感を刺激し、直感を回転させる

直感を解き放つ、というスタンス

前章の最後で、直感の基盤をしっかりと準備することが直感がはたらくようになる土壌であることを強調したが、この直感の基盤をきちんと理解することは大切である。その基盤が厚くなるような積み重ねの努力が、じつは直感で発想を豊かにするための基礎条件として重要だからである。この基盤がうすいままにいくらテクニックを学んでも、直感は十分にははたらかず、豊かな発想につながらないだろう。

しかし、基盤があるだけではダメであることも強調されなければならない。直感の基盤は、直感がはたらくための必要条件ではあるが十分条件ではなく、もう一歩の工夫がないと直感は実際にははたらきそうにない。基盤を活かした、直感への刺激の工夫が必要だろう。

その工夫をこの章では、大別して以下の三つの項目に分けて解説していこう。

まず、直感を刺激するための工夫として、

●外からのインプットによる、直感の刺激
●直感の刺激のための、内なる工夫

そして、三番目の項目として、

●直感を回転させるための工夫

直感を回転させるとは、直感が直感を呼ぶような状態をつくることである。それで発想が生まれやすくなり、どんどんと生まれてくる。直感をドライブするという表現のほうがぴったり来る読者もおられるかもしれない。

こうした工夫を考える際の基本スタンスとして、私は「あえて直感を解き放つ」と強い表現をするくらいでちょうどいい、と思っている。「あえて」という言葉をつけるのは、「論理的な発想でないといけない」とついつい多くの人が思い込みがちだからである。そのために発想がかえって縛られる危険がある。自分がすぐに展開可能な論理の範囲からしか、発想が出てこない危険である。その危険が多くの人にありそうだから、直感を解き放つことは案外と難しい。

もちろん、直感をベースとした発想だけが経営行動にとって重要なのではない。発想の次に、その発想の実現可能性や適切さについての検証へと、次の段階を踏む必要がある。その検証段階では、論理的思考が中心的役割を果たす。

だからこそ、その論理的な検証プロセスが後で控えていることを前提に、発想段階では直感をまずは解き放つことに大きな意義がある。なぜか。

二つ、大きなメリットがありそうだ。一つは、やや消極的なメリットで、「常識や慣行の壁に発想が邪魔されないように」。第二に、もっと積極的なメリットで、「人間の能力にマッチした形で自由に羽ばたくために」。

人間誰しも、発想の壁、発想が思うように出てこない障壁があるだろう。その一つが、常識や慣行の壁である。常識やこれまでの慣行にとらわれて、そこから抜け出す発想がなかなかできない、という壁である。

その壁を、組織の中の人間はとくにもつことになる危険が大きい。それは、自分の発想の正しさについての挙証責任を発想を出した人間がもたされることが多いからである。たとえば、会議の場で自由な発想を紹介すると、「なぜその発想が有効なのか、論理がよくわからない」と挙証責任を追及される、ということはしばしばありそうだ。

そうした挙証責任を避けるために、その責任を「どこかに」預ける、という行動を多くの人がついついとってしまう。その「どこか」が、業界常識であり、慣行である。みんながそう考えているから（常識）、過去からそうしてきたから（慣行）、という言い訳の陰に隠れたくなる気持ちも理解できる。

しかし、そうなると、直感的な（つまりは論理がまだはっきりしない）発想が浮かんでも、挙証責任を避けるためにあえてそれを抑えてしまう、という事態になりかねない。その事態になってしまわないために、「あえて直感に頼ることを覚悟する」というスタンスが必要になるのである。それは発想がうまくいくかどうかの論理を、「括弧に入れて」、つまりいったんは軽視してみて、あえて直感に頼るというスタンスである。それが、直感を解き放つ、という言葉の意味である。


人間の発想の第二の壁は、人間がもっている情報処理能力の限界である。

最近、将棋などの世界でタイトルホルダーがコンピュータに敗ける、という報道がしばしばある。コンピュータが人工知能的なプログラムをもって、ある状況でどんな手を差すべきか、人間よりもはるかに高速でチェックできるようになった。ある意味で単純な論理比較をものすごいスピードで、きわめて多くの手(つまり行動案)について行なえるコンピュータの情報処理能力に、タイトルホルダーですら敗けることがあるのである。

ましてや凡人のわれわれは、そうした情報処理能力の限界を厳しくもっている。だから、いろいろな発想を思い浮かべて、その正しさについて仮の論理的チェックを高速で行なう、ということにはおのずと限界がある。狭い範囲の発想しかできない、ということになりかねない。

しかし、将棋の名人がいい手を思いつくとき、名人にはとるべき手が「まず」見える、という。それは、パターン認識を人間の脳ができる、過去の記憶の中からエッセンスを引っぱり出す能力を人間がもっているから、できることである。そして、その「見えた」手の検証のために、長い時間をかけて「手を読む」。コンピュータのやり方とは違う。

よく論理思考の世界で、デシジョンツリーをつくって、すべての代替案のチェックを論理的に行なって、それで案を決めるべき、といわれる。しかし、普通の人間の情報処理能力では、ちょっとした複雑性があるデシジョンツリーの全体のチェックですら、それほど簡単にはできない。

そこで、パターン認識に代表されるような人間がもっている情報処理の一つの特徴を活かすように、あえて直感を解き放つという覚悟をすることが、意味をもつのである。そうした人間らしい情報処理能力にマッチしたような発想法へといざなうための水路が、直感を解き放つというスタンスなのである。

私は前章の冒頭で、発想の出発点は直感的に思いつく妄想でもいい、とかなり極端なことを書いた。じつは、妄想から出発するというのは、論理の常識的な落とし穴に陥らないための一つの方法であり、直感を解き放つための手段といってもいい。それくらいに思って、じつはちょうどよさそうである。

外からのインプットによる、直感の刺激

さて、直感を刺激するための、外（外界）からと内（自分自身）での、刺激の具体的工夫に話を移そう。

人間の直感が刺激される最大のきっかけは、外からの情報や観察あるいは外部者

の意見、などの外からのインプットであることは、論を俟《ま》たないであろう。

安藤の例でいえば、即席ラーメンという製品コンセプトの発想へ彼の直感がはたらき始めた最大のきっかけは、闇市でラーメンの屋台に並ぶ人間の行列（厳密にいえば、その記憶）であった。その行列の長さが彼の脳裡にまざまざと蘇ったとき、彼の直感がひどく刺激され、その需要に応えるような製品はなんだろうか、という発想が動き出したのである。

あるいは開発・生産・販売をすべて自分で行ない、麺製品の工業化をどうしたら実現できるか、という発想へと彼の直感をいざなうことになったきっかけは、厚生省の役人との議論であり、そのお役人から投げ掛けられた挑戦の言葉であった。さらには、瞬間油熱乾燥法という発想へと安藤の直感がはたらいたきっかけは、台所の天ぷら鍋の中で天ぷらから出てくる泡を偶然に見たことであった。

いずれの例でも、外部からの観察や情報のインプット（闇市の光景、他人の意見、偶然に見たあたり前の光景）に刺激されて、脳の内部で直感が動き始めたのである。

じつは、安藤のこの三つの例は、直感が動き出すためのきっかけとしての外からのインプットがどのようにして届くか、についての以下の三つの一般的パターンの例にそれぞれなっている。

①現実のディテールを観察する
②他人の発想に触れる、議論をする
③偶然のきっかけに遭遇する

したがって、外からのインプットによる直感の刺激のための工夫とは、この三つのことがなるべく生産的に起きるような工夫をすることになる。

第一のパターンが、「現実を観察する」と書いてなくて、「現実のディテールを観察する」と書いてあることには、意味がある。ディテールこそ、人の直感を刺激することが多いからである。

安藤がただぼんやりと闇市の光景を見ていただけでは、即席ラーメンの発想につながる直感ははたらかなかっただろう。安藤は屋台に並ぶ行列の長さ、そこに並ぶ人々の種類、彼らの表情、などのディテールをしっかりと観察していた。だからこそ、そのディテールが彼の直感を刺激したのであろう。そして、そこから彼はラーメンに対する人々の潜在需要の多様さと巨大さ、そしてその潜在需要が実際の購買となるための鍵（たとえば、簡便性）、などを感じたのである。

神は細部に宿る、という。ディテールが人の思考を刺激するのである。ちょうど、視覚に訴えることで人間の思考が刺激されるように、ディテールはその場面の登場人物の行動を観察者に生き生きと想像させる刺激力をもち、その想像から仮説がふくらむことが案外あるのである。人間はディテールで考える生き物のようである。

言い換えれば、現実のディテールを見ようと懸命に心がけると、何が大切か見えてくるものがある。無数の些細な現場情報の中から意味のあるものを、「聞き耳を立てる」がごとくにピンと張りつめた脳がキャッチしてくる。それが、現実のディテールがもつ直感刺激力の本質である。

外に直感のきっかけを求める

外からのインプットの第二のパターンは、他人の発想に触れる機会をもつことであり、さらにいいのは、その他人と議論する機会をもつことである。

他人の発想に読書や講演などで触れて、それに触発されて自分の直感が動き出す経験は、読者もしたことがあるだろう。その動き出しは、真似でもいいし、そこからの連想が直感的にはたらくのでもいい。安藤も、自分のさまざまな発想の多くは縁ある人たちと相談した結果生まれたものといっているし、厚生省のお役人との議論はその最たる例である。

しかも、他人の意見をただ聞く、ただ知るだけでなく、それについて深い議論をすることもできれば、それは他人の発想の結論や大筋だけでなく、ディテールを知ることにもなりうる。そのディテールがここでも直感の刺激の役割を果たす。

この第二のパターンの一つのバリエーションが、ブレーンストーミングの議論であろう。ブレーンストーミングは、議論のディテールが複数の人間の間を飛び交ううちに、それぞれの人間の直感が刺激されて、さらなる発想へとつながるところにその醍醐味がある。単に「意見をまとめる」ことに固執せず、霧散してもいいからお互いの直感を刺激することを目的にしてもいいだろう。

外からのインプットの第三のパターン、偶然のきっかけはたしかに直感を刺激することが十分あることはすぐに読者も理解されるだろう。安藤が台所で天ぷらを揚げているところを偶然に見た、というのがそのいい例である。ただ、偶然であるだけに、それに出会う工夫は難しいともいえる。しかし、偶然のきっかけをあえて求める行動があってもいい。

発想に行き詰まったときの、町中散歩、本の乱読、関係なさそうな会議へのあえての出席など、さまざまな工夫がありうる。犬も歩けば棒に当たる、というわけである。逆にいえば、歩かない犬はそもそも棒に当たれない。つまり、自分から何かを求めない人は偶然のきっかけに遭遇できないのである。

ただし、その際に大切なポイントがある。「**考えない犬は、歩いても棒に当たれない**」ということである。問題意識をシャープにもっていないと、偶然のきっかけに遭遇しても気がつかない、偶然のきっかけがただ通り過ぎるだけ、と言い換えてもいい。安藤が天ぷらの泡から麺の乾燥方法へと直感がひらめいたのは、彼の問題意識のシャープさがもたらしたひらめきであった。

問題意識だけでなく、前章で述べた直感の基盤の三つの要素（思いの凝縮、シャープで柔軟な問題意識、観察と経験の蓄積）のすべてが、じつは偶然のきっかけを見逃さないためには、重要となるだろう。犬の例を続ければ、直感の基盤のある犬だけが、歩き回ると棒に当たれる、ということである。

もっとも、直感の基盤は、外からのインプットの三つのパターンすべてで、入ってきたインプットが直感を動き出させるきっかけになりうるかどうかの鍵を握っている。同じ現実のディテールを観察していても、同じ他人の意見に触れていても、同じ偶然のきっかけに遭遇しても、直感の基盤がきちんとあれば、そのインプットから直感が動き出す。しかし、基盤が不十分なら、折角の外からのインプットがなんの直感も呼び起こさず、ただ通り過ぎるだけになるだろう。

直感の刺激のための、内なる工夫

内なるとは、自分の側のさまざまな工夫のことである。外からのインプットの工夫は、あくまでそのインプットが本人に届くまでの工夫である。本人に届いた後の直感の動き方を、どう工夫するか、それが内なる工夫である。

直感はもちろん脳でのはたらきの結果だから、外からインプットが自分に届いてから直感刺激の脳のはたらきが起きるための内なる工夫のパターンを、次の四つに分類してみよう。

●心からの刺激
●目からの刺激
●体からの刺激
●脳内の刺激

心からの刺激とは、心のありようが脳のはたらきに影響を与えることを狙った直感刺激の工夫である。

たとえば、志をもってワクワクするようなことを考えると、直感が刺激されやすくなる。考えるモチベーションが高まる、と表現してもいいかもしれない。あるいは、好奇心を強くもつような心のありようだと、同じ外部からのインプットでも強く直感が動き出しそうだ。発想の出発点が妄想でもいいというとき、それは妄想に見えることすら簡単に排斥せずに考える対象にする心のありようをいっている。そうした人は、直感が動き出しやすいだろう。

目からの刺激とは、人間の視覚に訴えると人間の直感への刺激が強くなることを狙ったものである。そのために、たとえば、自分の目で現実を観察する、というスタンスが直感刺激のために大切になる。よく、現場・現実・現物が大切だというが、それは目からの直感刺激の大切さをいっているのである。

あるいは、観察結果を視覚に訴えやすいメディアに落とすことも、目からの刺激を強くする大切な工夫である。写真を使う、発想のキーワードを白板に書いて自分の目に入るようにする。いいたいことをあえて図解する。データをグラフ化する。さまざまなツールが、視覚情報を通じての直感刺激のために実際に使われている。

体からの刺激には、二つのパターンがありそうだ。一つは、自分の身体を外からのインプットの豊かな場にあえて置くようにすることである。人間には五感があるから、体全体で感じることが、直感を刺激することを狙うのである。

もう一つの「体からの刺激」というパターンは、手を動かすことによる直感刺激を狙うことである。白板に自分の考えを書いていくという「手の作業」、手で自分のおぼろげな発想を絵にしてみるという「手の作業」、あるいは、自分の考えを実現しそうな「モノ」を自分でつくるという「手の作業」。おそらく、安藤も何度も何度も麺を練り直し、スープをつくり直すという作業を自分の手でやっている間に、さまざまな直感の刺激を受けたものと思われる。

なぜ、手を動かすことが大切か。

それは、手の動きがそもそも脳を刺激するからである。さらには、手を動かすことによって自然に目に飛び込んでくる言葉、絵、モノが、人間の脳を刺激して、直感を動かすきっかけになるからである。

手を動かすことによって直感を動かすとは、大げさにいえば、人類の発達の歴史に学ぶことによって得られる教訓でもある。人類は直立歩行を始め、手が自由になった。その手を使って人間は道具をつくり始めた。複雑な作業をし始めた。その作業の必要性が、脳を発達させたという。人間は手で考える動物でもある。

脳内の刺激で直感を動かす工夫は、さまざまにありそうだが、ここでは「言葉を選ぶ」「イメージを描く」という脳の作業を考えてみよう。たとえば、どんなに現実のディテールを観察しても、その観察を言葉で表現したりイメージで表現しないと、自分の記憶にも残らないし、自分が直感的に考えていくステップを進めることもできないだろう。多くの人間は、言葉でモノを考えている。

たとえば有名な発想法であるＫＪ法で、自分の観察したことをカードにまとめて「簡潔に表現する」というステップがある。言葉で表現したいと思ったら、観察したことの内容にぴったりする言葉を選ばなければならない。その言葉探しの苦労が、じつは直感を刺激する。人間は言葉で考える動物だからである。イメージで表現する場合には、やはり「ぴったりする絵」を考えなければならない。そのビジュアル探しが、やはり直感を刺激する。人間は、イメージでもモノを考える動物なのである。

直感を回転させるための、連想とアナロジー

直感を回転させるとは、直感が直感を呼ぶような状態、つまり一つの直感が次の直感のきっかけとなって、直感的発想プロセスが連続的に展開していくことである。そうした直感の回転あるいはドライブのために有効な工夫として、さまざまな事例と多くの本に書いてあることから私なりに整理すると、次の四つの方法が主な手段であろう。もちろん、これらを組み合わせてもいい。

- 連想
- アナロジー
- プロトタイピング
- 論理のつじつま探し

連想とは、人間が五感から得た情報や観念から、他の事物や概念を思い浮かべることを指す。青空の入道雲を見て、綿菓子を思い浮かべる、というのがわかりやすい例だろう。

つまり、一つの情報が、別の発想を自然に思い浮かばせるのである。それが、直感的な連想のもっとも簡単な例だが、その別な発想がさらに新しい発想を連想させることができれば、直感が直感を呼ぶといえるような状態になるだろう。つまり、連想の連打が、直感を回転させる。

たとえば、屋台でラーメンをおいしそうに食べている人の姿から、家で簡単にラーメンを食べられて喜んでいる人の姿を連想する。そして、簡単に家で食べられるものということから、袋に入ったおせんべいを連想する。さらに、おせんべいという「味つきの焼いた米の板」から、味のついた小麦粉の麺を連想する。安藤がこうした連想をしたかどうか、私は知らない。しかし、即席ラーメンの発想にたどり着くまでには、いくつもの直感的連想の連打があったとしても、おかしくない。

連想は、思いつくものを自由に思い浮かべることである。連想でつながった二つの発想の間にどんな関係があるかは、自由である。

これに対してアナロジー(類推)は、似ているものを思い浮かべることである。類した（似た）ものを推しはかることである。したがって、アナロジーは連想の一部ではあるが、「直感を回転させる」には特別に意味がありそうなので、別の方法としてここにリストアップしている。

たとえば、おせんべいから即席麺を連想する例をあげたが、これは「味つきの焼いた薄いもち」のアナロジーとして、「焼くなどの加工をした味のついた小麦粉麺」を連想したものである。米と小麦、焼くなどの加工、こうした類似点をベースに、味のついた乾いた麺という「類似の連想」つまりアナロジーとなっているのである。

こうしてアナロジーは、類似している関係を探り続けてさまざまなものを思い浮かべる、あるいは似て非なるものの間の類似点を発見することだから、無関係の連想よりも直感の回転・連打が利きやすいであろう。思いつきやすいし、似ているものの連想だからその前の発想と関連が強くなるからである。

一つの現象やモノなどからのアナロジーには大別して、表面的な類似性のアナロジーと表面の背後の隠れた構造が類似性をもつアナロジーと、二つがある。形が似ているからという類似性で、ゴルフボールからチョコボールを思いつくのが前者の例。網のようにつながっている構造をもっているという類似性で、脳内のシナプス（神経細胞のつながり方）からインターネットのつながりを思いつくのが後者の例である。

どちらのアナロジーでもいいから、直感を回転させるためにはまずは自分にやりやすいアナロジーを心がけることだろう。ただ、構造的類似性のほうが、より飛躍した発想につながるアナロジーになりそうだ。

プロトタイピングによる直感の回転

連想の連打にしろ、アナロジーにしろ、これらの方法によって直感を回転させようとするときの危険は、そこから生まれる発想があちこちに拡散してしまって、頭の中の収拾がつかなくなってしまうことである。連想力が豊かな人ほど、この危険も大きそうだ。いろんなことを直感で思いつくのだが、その結果が「とっちらかってしまう」人が時にいる。それで、本人も混乱するし、周りも迷惑するのである。

その危険を避けるための、そして一つの方向性をもった意味のある直感の連打を可能にするための方法が、プロトタイピング（試作）という、三番目にリストアップした方法である。目指すべき方向性をいったん仮置きで決めてしまい、その方向性の中で「こういうことがありうる、こうなるはずだ」といういろいろと直感の連打をして、そこから仮説のさらなる具体化や深掘りをする、という思考法である。プロトタイピングという言葉はもともと製品開発の際に「試作品づくり」という意味で使われる言葉だが、ここでは「仮説の試作」という意味で使っている。

本田宗一郎の言葉に、こんな面白いものがある。

「頭にひらめいたことを、ただちに手を通してかたちのあるものにし、そのアイデアを実証せずにはいられない人間。こういう人のことを、ホモ・ファーベルと呼ぶそうである。変な表現だが、『手の人』『モノを作る人』というわけだ。……たしかに私の生き方には、頭で考え、手で考えるといったところがある」(『私の手が語る』14ページ)

彼は、その「形のあるものにすること」(つまり試作)から、ああでもない、こうでもない、とさらに考えるのである。直感がフル回転する、その回転の高速道路を試作品がもたらす。なぜなら、プロトタイプという「具体的なモノ」があることが、まず現実のディテールをもたらし、その現実のディテールが直感を刺激するからである。そして、第二にプロトタイプをつくるプロセスが当然に「手を動かす」ことを伴うことから、それが直感を刺激する。その刺激で直感が回転しやすくなるのである。だから、新製品開発でなくても、プロトタイプ仮説をつくり、そこを起点に、どんどん仮説を修正していけばいい。直感が「この方向がよさそう」と示す方向へ自由に変えてみる。

そして、ダメならすぐに戻ってくる。戻ってくるいさぎよさが必要だが、こうして仮置きのプロトタイプとしての試作品や試作仮説を発酵・熟成させるのである。そしてそのプロトタイプが示す範囲の近くを直感が回転するから、いたずらに拡散してしまう確率は低くなる。

安藤もまた、ホモ・ファーベルだったようだ。そして彼は、即席ラーメンの開発の際にあらかじめ五つの条件を設定した。おいしい、保存性がある、便利である、安価である、安全である、という工業化の条件である。これは一種の仮説の仮置きの例とも解釈できる。この条件を満たす仮説に限ると範囲を限って探索をする、という意識的な努力をして、考えるべき試作の範囲を限定しているのである。その限定が、直感の回転に方向性と焦点を与えている。

論理のつじつま探しが、直感を回転させる

直感を回転させる第四の方法は、論理のつじつま探しを高速で行なうことで、直感を回転させることである。

論理のつじつま探しとは、直感が刺激されて新たに生まれた発想が、現実の状況の中で実際成立するものなのか、言い換えれば現実と論理的に整合するのかどうか、そのつじつまを探すことである。平たくいえば、直感の刺激から生まれた発想が適切なものであるという論理を、現実の中でつじつまが合う形でつくれるかをたしかめる、ということである。

その結果、論理として欠けている部分があるということになれば、その欠けている部分を補えるような発想はないか、と思考が動くことになる。その方向へと直感が動き出すのである。それが、直感の回転となる。

たとえば安藤の例でいえば、天ぷらの衣からなぜ泡がパチパチと音を立てて出ているのか、彼は気になった。泡が出るには論理的な理由があるはずで、その理由を泡

を見たばかりのときにはまだ気がついていなかったが、しかし彼はその論理を探したくなった。そして、その泡は水が高温の油の中で気化してはじけているために出ていると気がついたとき、衣から水分が出ている、つまり衣や食材から水分が抜け出している（ということは乾燥方向へ向かっている）という現象に気がついたのである。

その上、麺を揚げれば水分が抜けた跡には当然に小さな孔が麺に残る、という論理のつじつまが合うことに思い至る。こうして論理のつじつま探しができると、その孔を乾燥麺にお湯を注いだときに水分が逆に入り込むための孔として使える、という発想になる。そうなると、お湯で戻すために最適な大きさの孔を空けるには、どの程度の温度の油で麺を揚げればいいのか、という発想につながる。

こうして、論理のつじつま探しによって、一つの直感的発想から次の発想が自然に論理的に導かれる、という直感の回転ともいうべき現象が起きるのである。

つまり、目の前で起きていることがなぜ起きているのか、その論理的つじつま（以前起きたことやよそで起きていることとの論理的整合性）を探ろうとする姿勢が強いと、現実がどこへいこうとしているのかについて、気になること、納得がいかないことなどを思いつきやすくなる。論理的につじつまが合わないことは起きないだろうという推測のもとでの、「起きうること」の候補を考えたくなるからである。

言い換えれば、現実の観察の背後で何が起きているのか、その論理的メカニズムを突き詰めようとすると、わかっていないこと、未知の変数が見えてくる。そこが、気になる。それが新しい発想への刺激となる。それが、論理的つじつま探しによる直感への刺激である。そうした刺激が起きるがゆえに、新しい直感がもたらす発想が次の新しい直感を呼び起こす刺激となり、直感が直感を呼ぶというべき直感の回転が起きうるのである。

こうした論理のつじつま探しがもう起きない、一段落した、というときが、直感の回転が止まるときであろう。その回転の停止は、ある意味では歓迎すべきことでもある。直感がいたずらに回転し続けると、発想の拡大が止まらず、いつまでたっても経営行動の案としてまとまらないからである。

直感の回転が止まったときは、じつは発想の段階が一つの休止点にきたことを意味する。もうこれ以上は発想は拡がらないという段階になったら、これまで生まれた多くの発想の適切さの検証に移るべきときなのである。その検証の段階では、論理がベースとなる。

第5章

検証のベースは、論理

検証とは、仮説の適切さをたしかめること

直感により発想された経営行動案（これを仮説と呼ぼう）は、必ず「論理的に」その適切さを検証しなければならない。これが、決断に至る三つのステップのうちの「検証」段階での、鉄則である。つまり、論理こそ検証のベースである。

この本では経営での決断を扱っているのだから、仮説の正しさ・適切さとは、その仮説として提示された行動案が現実に経営にとって機能するかどうか、ということである。新事業案であれば、市場に受け入れられて事業として成立するか。組織改革案であれば、組織の人々にきちんと受け入れられるか、などをたしかめることが、ここでいう「仮説の論理的検証」の内容である。

たとえば安藤は、即席ラーメンという製品コンセプトの発想（つまり仮説）の検証をどう行なったか。その商品が消費者に受け入れられるかどうか、どうやって検証したのか。

彼は、市場調査でデータを集めて検証したのではない。普通の人間のニーズを彼

なりに考え、そのニーズに合っていることを、論理的に自分なりに納得したのが彼の検証プロセスだったろう。論理的に考えて、こういう理由で顧客はこの製品を買ってくれるだろう、という論理をつくったのである。闇市のラーメン屋で彼がラーメンへの思いをふくらませた、というエピソードの中でデータというイメージに合いそうな話としては、屋台に並ぶ行列の長さがありうるが、それとて彼が行列の中で人々に聞き回って市場調査をしたのではない。

そもそも、即席ラーメンは、誰も知らない、思ってもみない製品である。その製品の試作品ができないうちは、市場調査もやりようがないだろう。製品を見せられてはじめて、「ああ、自分はたしかにこうした製品が欲しいと思える」と顧客がいえるような製品なのである。

こんな状況ではとくにそうだが、とにかく仮説がなぜ現実に機能するかの論理をつくれるかどうかが鍵である。安藤の「工業化の五条件」は、この条件を満たせばこの製品を消費者は買ってくれる可能性が高い、という彼なりの論理を書いたものだったともいえる。

仮説を検証するという表現をすると、まず「データによる検証」を思い浮かべる読者が多いかもしれない。しかし、その仮説がなぜ現実に機能するかの論理もなしに、データに仮説の適否を聞く、という姿は間違いであろう。論理がわかっていなければ、その仮説を現実に展開する行動の具体案がつくれない可能性が高いからである。

最近、データ収集が大量にできるようになって、ビッグデータの分析が大流行だが、それが「論理なきデータ検証」になってしまう危惧を私は感じる。これについては、第9章で再び触れることにしよう。

直感をベースに発想した仮説を論理で検証する、といっても、その検証は一回で終わり、という風にただ一直線につながっているのではない。直感的発想と論理的検証は、発想と検証という二つのステップの間で行ったり来たり（あるいはぐるぐる回り）があるのが、普通である。一つの仮説を直感的に思いつき、その適切さを論理的に検証しようとすると、新たな仮説あるいは発想のバリエーションを思いつき、その思いつきを加えて新しくなった仮説の論理的検証が再び行なわれる。こういうぐるぐる回りを何度も繰り返した後に、最終的に「こんな経営行動でいこう」という最終構想がまとまってくるのが、普通である。

そこでは、論理的検証が主役を演じながら、しかし直感と論理が絡み合いながら、発想を進化させ、検証を深めさせている。そのプロセスを、小倉昌男の宅急便構想のくわしい事例から、考えてみよう。彼は、序章で紹介したように、決断の人でもあったが、しかし何よりも論理の人であった。彼は、経営リーダーの十の条件の第一に、論理性をあげている。

「経営者にとって一番必要な条件は、論理的に考える力を持っていることである。なぜなら、経営は論理の積み重ねだからである。……論理の反対は情緒である。情緒的にものを考える人は経営者には向かない」(『小倉昌男　経営学』272～273ページ)

論理の人・小倉昌男、マンハッタンでのひらめき

小倉がヤマト運輸の二代目社長となったのは1971年。宅急便開始の5年前であった。ヤマト運輸はこのときすでに追いつめられていた。主力の商業貨物(つまりはかなりの大口荷主の貨物)のトラック輸送事業が行き詰まっていたのである。そこで、物流の総合商社、混載便、小口便、などさまざまな新事業や業態転換の発想を小倉は考えてみたが、どれもうまくいきそうになかった。論理的検証をパスしないので

ある。

そこで、個人貨物の集配に絞り込んだらどうなるか、という発想が生まれた。牛丼という単一メニューに絞り込んで成功していた吉野家が一つのヒントだった。個人の荷物を扱っていたのは、当時は郵便小包と鉄道小荷物だった。いずれもサービスが悪く、評判ははかばかしくなかった。

それでも、郵便小包や鉄道小荷物への競争相手が現れることはなかった。誰がいつ荷物をどこへ出すのかわからない個人の荷物は、集配の効率が悪くて採算がとれるわけがない、というのが当時の業界の常識だったのである。

小倉は、その業界の常識を疑ってみることから始めた。どういう工夫をすれば、採算のとれる形で個人荷物の集配事業が成立するのか、を考えようとした。小倉の仮説は、全国規模の集配のネットワークを築いて、トラック1台当たりの集配効率をあげればビジネスになる、という仮説であった。小倉自身が「仮説を立てた」という表現を使っている。その仮説を本格的に追究しようと強い思いが生まれたのは、1973年9月、ニューヨーク・マンハッタンの交差点であった。

小倉は、国際貨物輸送事業のために同社のニューヨーク営業所を訪れていた。その際に、エンパイアステートビルの四つ角で、そこから見える四本の道路にUPS

（United Parcel Service）という世界最大の小荷物配送企業のトラックが角ごとに1台ずつ止まっている光景を見たのである。狭い地域に4台のトラックが同時に配置されているということである。

それだけ密度高くトラックを配車して、それぞれのトラックにきちんと扱うだけの荷物量があれば、1台当たりのトラックは採算がとれるだろう。そして、それほど密度高く配車しているからこそ顧客にも便利で、だから荷物を顧客が出す気になる。その密度と集配効率のおかげで、UPSの小荷物配送サービスは採算に乗っている。そして、顧客から荷物がたくさん出てくる条件の基本は、全国どこでも届けてくれることである。だから、全国規模の集配ネットワークが需要を生む出すために必要となる。

こうして、鍵は二つに絞られることになる。一つは、採算を維持するための1台当たりのトラックの集配効率である。その集配効率が高ければ、1台のトラックに関わる車両費、人件費、燃料費などを賄うに十分な収入が手に入る。もう一つは需要確保のためのトラックの全国集配ネットワークである。全国ネットワークがあれば、需要が出てくる。

これが、マンハッタンの街角での小倉のひらめきであった。彼自身が「ひらめいた」と書いている。業態転換をしなければという問題意識の強かった小倉が、その時点までにじつにさまざまに考えていたあげくであったからこその、直感的ひらめきであったと思われる。

こうして、宅急便の構想の基本的発想が生まれた。しかしそれは、宅急便という現在のわれわれが知っているビジネスモデルのほんの基礎部分の発想である。その発想をきちんとしたビジネスシステムの構想に育てるプロセスが、次に必要となる。

ひらめきの後に続いた、さまざまに検証を加えつつ構想が仕上がってくる論理的プロセス。それが、論理の人・小倉昌男の真骨頂であった。

宅急便構想にまで、ひらめきが仕上がる

小倉は、マンハッタンの街角でひらめいた仮説を、2年ほどの時間をかけて大きく育てていった。それは、論理的な仮説検証の繰り返しであり、かつ最初の仮説からより大きな仮説、より詳細な仮説へと仮説が育っていくプロセスでもあった。

それは、らせん階段を上って二階、三階へとより高い階へ行くようなプロセスで、

最後に到達したのは、さまざまな発想が整合的に組み合わされた、「構想」(構造をもった発想のかたまり)とでも呼ぶべきものであった。それが、宅急便構想である。

このらせん階段では、まず基礎部分の仮説を思いついて、それを検証しながらさらに改善し、別な部分についての発想が直感的かつ論理的つじつま探しの末に引き出され、その改善された発想(仮説)についても同じような検証と直感の往復運動が行なわれた。そうして改善された発想の集合全体が一つの整合的な構想となっていく。そして、らせん階段を上がるステップの一つひとつが、論理的検証を経ている。

たとえば、家庭の荷物を集荷しなければ、すべては始まらない。そこで、荷物を家庭の主婦が近所で出しやすいように取次店をおくという発想が生まれ、それが可能かの論理的検証をする。酒屋さんと米屋さんが候補にあがる。多くの家庭の近くに、当時は酒屋さんや米屋さんがあったのである。しかし、取次店になってもらうためには、彼らに対価を渡す必要がある。荷物1個当たりどれほどの金額なら、取次店となってくれるのか、どれほどの金額で自社に利益が残るのか。すべて論理的検証である。

あるいは、全国ネットをつくるとして、荷物の集積点となるセンターは、何カ所くらい全国で必要か。それをどのくらいの距離の間隔をおいてつくれば、日本全国がカバーできるか。そんな論理的検証も小倉は自分の頭で行なった。結局は、全国の警察署の数くらいあればカバーできると考えて、警察署の数である約１２００カ所のセンターを設ける構想とした。

もちろん、各センターに集めた荷物を全国各地へ発送するための、そして全国各地からの荷物が各センターに届くようにするための、全国ネットの輸送網をどうつくるか、という問題もある。それも、「翌日配達」という均一サービスを提供することを目指すと、どれほどの規模のネットワークにしなければならないか。その投資が採算に乗るためにはどれほどの量の荷物が1日当たり必要となり、１個当たりの料金はどのくらいに設定しないといけないのか。

じつにさまざまな要因についての発想を、小倉自身が生み出し、また自分の頭の中でいちいち論理的検証をして宅急便の構想を考えていった。ああでもない、こうでもない、と論理的検証を繰り返しながら、らせん状に構想をつくり上げていったのである。それは、直感的発想と論理的検証の二つのステップの間の、まさにぐるぐる回りを繰り返す作業だったようだ。

マンハッタンの街角でのひらめきから、ほぼ2年の時間をかけたらせん状構想づくりの成果が、１９７5年8月にヤマト運輸の役員会でやっと承認を得た、「宅急便開発要綱」である。そして、その開発要綱をより具体的な商品化計画として仕上げるためのワーキンググループが若手中心にすぐつくられた。

小倉もそのグループでの議論に参加して、その後わずか2カ月で、「翌日配達」「均一料金」「当面は首都圏を中心とするサービス区域」「デポやセンターの輸送システム」「伝票などの事務的仕組み」など、宅急便ビジネスの基本のすべてをカバーする具体的商品計画ができた。その内容の多くは、小倉自身が役員会に提示した開発要綱に書かれていた内容に沿ったものであったが、ワーキンググループによる検討の結果として変更が加えられた部分もあった。

この計画にしたがってすぐに準備が始まり、早くも3カ月後の1976年1月にはサービスを開始することになる。ただし、初日の取り扱い個数は、わずか11個。最初の1カ月でも、9000個に満たなかった。2019年の月間取り扱い実績は1億4000万個前後であったから、それと比べるとじつに小さなスタートであった。

こうして、マンハッタンで宅急便構想の基礎部分の発想がひらめいてから論理的検証とらせん状構想づくりが行なわれたのだが、その検証は二段階で行なわれたことになっている。第一段階は、小倉自身（ひとりではなかっただろうが）による論理的検証とらせん状構想づくり。第二段階は、10人ほどのワーキンググループによる詳細検討。第一段階は2年間、第二段階は2カ月であった。

第二段階の論理的検証はたしかに時間は短いが、二つの意味できわめて重要である。一つは、そもそもの構想の原型をつくり上げた小倉以外の人間が検証に参加している。それが、検証に客観性を与えている。第二に、現場の実務をこなす担当者たちが検証に参加している。それが、構想の現実性のチェックに貢献している。

サービスが先、利益は後

こうした一連の論理的検証の際のキーワードは、「密度」と「サービスの差別化」、この二つであった。それを小倉がきちんと意識していたことも、論理的検証プロセスを適切に行なう上で重要だった。密度とは、トラックの配車の地理的密度である。それが高ければ、集配効率が上がり、採算が向上する。サービスの差別化がきちんとしていれば、商品としての宅急便の魅力がユーザーに伝わり、荷物が出てくる。需要が出てくる。

この二つのキーワードを明確にするから、現場からのアイデアも出てきやすいし、ワーキンググループでの議論の収束も速くなる。サービスの差別化意識を組織内に徹底するために、小倉は「サービスが先、利益は後」とすらいって、優先順位を明確に発表しているのである。

これだけの論理的検証を行なっても、実際のサービス開始は大きな決断であった。小倉自身が「清水の舞台から飛び降りる気持ちで宅急便を開始した」と書いている。そして、彼はこう続ける。「考え抜いた末の決断であったが、不安がないわけではなかった。理屈では必ず儲かる事業になると信じていたものの、儲けが出るまでに苦難が続くであろうことは間違いなかった」（『小倉昌男　経営学』１１８ページ）

実際、多くの苦難が出てきた。

初期の意外な苦難の一つが、サービスレベルの高さを売りものにした「翌日配達」という目標の達成率が思うように上がらないことだった。翌々日の配達になったりする荷物がかなりあったのである。理由を調べると、ヤマトとしては翌日に配達に行くのだが、お客様が留守でその次の日に再配達するケースがかなりある、というものだった。それでは、客の立場になれば、翌々日配達になってしまう。

対策は、「需要者の立場に立ってものを考える」という「要綱」の基本的考え方の一つに立ち返ってみれば、簡単だった。当日の再配達である。それをしてこそ、お客様との約束である「翌日配達」が実現できる。

しかしそのためには、配達時間をそれまで午後六時までとしていたのを、夕食後の時間の在宅率の高さを見越して、午後八時までに延長する必要があった。ただし、それを実行するには人手が余分に必要で、人件費がより大きくかかることになる。それは採算上はたしかに大きな壁だが、そこまですることでお客様がサービスを認めてくださって、将来の集荷需要につながる、と小倉は考えた。まさに、「サービスが先、利益は後」という論理の肝である基本コンセプトを守ったのである。

事前に構想の論理的検証をがっちりと行ない、その検証プロセスで守るべき論理の肝（基本コンセプト）を組織として共有していればこそ、事後的に起きるこうした「想定外の事態」（お客様が留守で配達できない）への対応策も、スムーズに発案され、組織として実行できたのである。

論理的検証の三つの意義

直感をベースに発想された仮説の「論理的検証」を行なうことは、じつはいくつかの異なった意義をもっている。その意義を以下の三つに分けて考えると、論理的検証プロセスの全体像とその意義を実現するためのポイントがわかりやすくなる。

- 仮説が現実的に機能することのチェック
- 仮説を進化させるフィードバック
- 事後的な想定外事態への対応のための事前準備

論理的検証の第一の、そして最大の意義は、仮説が現実に適合しているか、現実に機能するか、というチェックを行なうという意義である。この作業を通過しなければ、仮説として発想された行動案を実行することなど、とてもできそうにない。

仮説が現実に機能するか、というチェック作業をあえて「論理的検証」と表現すべきと私が考える意味は、ちょうど小倉の例にあるように、「論理的に」現実の条件の中で機能できるような発想、あるいは仮説になっているか、という検証だからである。配車の密度を高めることが、需要獲得ではどういう結果を論理的に想定できるか、費用面ではどんな工夫をすれば採算に乗るという論理をつくれるか。そうした意味で「頭の中で論理的に詰める」という作業がまず基本なのである。

しかし、発想や仮説の論理的検証を行なうことの意義は、単に現実的適切さを検証するだけではない。むしろ、現実とのチェックによって、そのチェック作業の対象となっている発想あるいは仮説が不十分であること（つまり現実とはきちんと整合しない部分があること）を発見することから生まれる波及効果のほうが、じつは意義が大きい。それが、「仮説の不十分な点を発見し、それを補うための新しい発想（仮説）を考える」という意義である。

それはいわば、Aという仮説の論理的検証をしていたら、さらにBという仮説に修正しないと現実とは整合的にならないことを発見して、「仮説が育っていく」「仮説が進化する」という意義である。これを、仮説進化へのフィードバック効果と呼ぼう。それが、論理的検証の第二の意義としてあげた点である。

一つの発想の論理的検証を行なうことが、新しい発想への刺激となり、仮説の変更・拡大・展開などをもたらすのである。この仮説進化のフィードバックが何段階かで起きると、一つのひらめきから始まる発想から、より大きな構想へと発展してくるのである。

小倉の場合も、マンハッタンの街角での基本的発想のひらめきから「宅急便開発要綱」に書いてある構想へと育てる、2年間のプロセスがあった。そのプロセスの基本は、論理的検証とその結果としての仮説の進化あるいは深化なのである。小倉が

「あでもない、こうでもない」と考えを詰めていたのは、じつは仮説の発想と検証の繰り返しを行なっていたのであって、そこでは論理的検証の第一の意義「仮説が現実的に機能することのチェック」と第二の意義「仮説を進化させるフィードバック」がらせん状につながっていたと思われる。

発想の論理的検証をしっかりやることの意義は、さらにある。それは、実際にでき上がった構想を実行する段階で生まれる、論理的検証をしっかりやったからこその事後的な効果である。平たくいえば、実行段階の前に仮説の論理的検証をきちっと行なっておくと、事後的に実行段階で想定外の事態が起きたときの対応を助ける、という効果である。これが、第三の意義「事後的な想定外事態への対応のための事前準備」である。

構想の実行段階で現実に起きてくる事態は、事前の論理的検証段階で想定された環境状況とは違ったものになることが多い。そのときに、事前の検証をきちんと行なっておくと、想定外のことが起きても適切な対応をとれる可能性が高くなる、ということである。

小倉の場合でいえば、宅急便構想を実行してみたら、配達時に顧客が在宅していないことがあるために、サービスの目玉とした「翌日配達」の実現率が思ったほど上がらない、という想定外のことが起きた。その際に小倉とヤマト運輸は、すんなりと配達時間を延ばして当日のうちに再配達をする、という事後的な対応策に行き着いた。その対応策が、人件費上昇を伴うものであったにもかかわらず、である。

そのスムーズな事後的な対応の理由の一つは、宅急便構想の論理的検証のプロセスで、「つねに顧客の立場で考える」「サービスが先、利益は後」といった彼が大切にした論理の肝（基本コンセプト）が明確になっていたからであろう。さんざんに論理的検証を繰り返すうちに、こうした論理の肝の重要性が、小倉のみならず関係者の頭にもしみるようになっていたのである。

三つの意義を実現するための、三つのスタンス

しかし、こうした事前の論理的検証の三つの意義がきちんと生まれるためには、検証をする人間が次の三つのスタンスをきちんともつ必要があるだろう。

第一の意義、仮説と現実との論理的整合性のチェックがきちんと行なえるためには、「現実を直視する」というスタンスが重要になるだろう。整合性をチェックすべ

き相手である「現実」の正確な知識がなければ、論理的整合性チェックもうまくできるはずがないからである。

小倉の営業所の全国的規模の例でいえば、どの程度の数の営業所があれば全国をカバーできるかをきちんと論理的に詰めるためには、日本の国土の広さや道路事情などの現実をきちんと直視して把握していなければならない。しかも小倉は、警察署の数で数量的パラメータを把握するなど、数量的にも現実を直視している。これについては、次章でさらに解説しよう。

仮説の進化へのフィードバック効果という第二の意義が生まれるためには、「仮説を育てる」というスタンスが大切だろう。論理的検証を行なう仮説を固定的に考えてしまって、その現実的論理整合性が確認できなければ思考が停止するようでは、仮説は進化できない。つねに、仮説とは不完全なもので、それをよりよいもの、より大きなものへと育てていくというスタンスがなければ、仮説進化への論理的なフィードバックをかけることはできそうにない。

小倉の場合、論理の人のフィードバックはじつに的確で素早かった。しかし、それでもマンハッタンのひらめきの後、2年の時間が必要だったようだ。

想定外の事態への事後的対応への効果という第三の意義を実際に実現するために

は、事前の論理的検証の際に、「論理の肝までさかのぼる」、あるいは最終的に描かれる構想全体のキーワードは何かを凝縮するまで考える、というスタンスが必要であろう。それは、事後的対応の際の思考の原点を論理の肝やキーワードが与えてくれるからである。それは、事後の対応の際に、その肝の示す筋にしたがって事前の論理をさかのぼり、事後的に起きた状況での適切な行動は何かを導くための訂正論理をつくれる、と表現してもいい。

小倉の場合、密度とサービスの差別化というキーワード、その背後の「サービスが先、利益は後」という論理の肝がはっきりしていたからこそ、想定外の事後的事態への対応が素早くかつ適切にできたのである。

以下、論理的検証の意義を大きくするためにこの三つのスタンスをどうしたら保てるか、それを中心に説明していく。この章では、第一のスタンスの解説まで行ない、次の章で第二と第三のスタンスの解説とさらに論理的検証プロセス全体の注意点を述べることにしたい。

現実を直視する：現実は論理的である

なぜ、仮説・構想の論理的検証のために、現実直視が大切なのか。理由は二つある。一つは、すでに述べたように、現実に照らし合わせて仮説の論理的正しさを検証するためには、その照らし合わせる対象である現実をきちんと知っていなければならないからである。だから、直視する必要がある。当然の理由である。

しかしもう一つ、大切な理由がある。自分の論理展開力に間違いが起きないよう、思考の論理性を維持し続けるためである。自分の論理展開が間違わないようにするため、現実そのものに自分の思考を導いてもらうため、と言い換えてもいい。

なぜ現実直視が思考の論理性の確保につながるかといえば、現実はすべからく論理的だからである。さまざまな断片が論理的につながって、現実というものがある。現実の背後には、必ず論理がある。教科書の理論通りに現実があるという意味ではなく、教科書には書いていない論理が、しばしば現実の背後にはある。それを素直に理解しようとすれば、自然に思考は論理的にならざるを得ない。

現実の直視とは、現実を細かく観察すること、そして観察できないことは現場想像力をはたらかせて心の中で見ようとすること、である。現実への沈潜という言い方がぴったりするかもしれない。それがまさに、営業所の数を決めるために警察署の数を調べたというような努力の際に、小倉がやっていたことであろう。

さらに、現実の直視は面白い波及効果をもちそうだ。それは、現実直視、あるいは現実への沈潜が、仮説・構想の論理的検証のために自分が使える論理の在庫を増やすのに役立つ、という効果である。

なぜ論理の在庫が増えるのか。まず、現実を直視するとは、現実がもっている論理をきちんと理解しようとするということにつながるだろう。そこで、今までは知らなかった新しい論理を自分が学ぶ、ということが起きうる。すべての現実は、じつはつじつまが合っている。なぜそうなっているかを今の自分が「論理的」に理解できないとすれば、それは必要な論理を知らないからである。

だから、現実を直視し、その背後の論理を理解しようとすると、新しい論理を考えざるを得なくなり、その結果として論理の在庫が増える可能性がある。論理の在庫の蓄積が増えると、じつは論理的検証がより的確になるという直接的なプラスがあるだけではない。第3章で「論理の蓄積は直感の基盤」といったが、直感が動き出すためのプラスにもなるであろう。

経済の論理、学習の論理、そして感情の論理

現実は必ず論理的である、というとき、私は決して教科書にすでに書いてある理論だけをいっているのではない。また、その現実の論理は、しばしば経営の世界で使われる論理の基本になっている、経済の論理だけで成立しているのでもない。

感情の論理も、学習の論理も、そしてもちろん経済の論理も、それらをすべて使わなければ、現実の論理の全体は表現できないだろう。その三つの論理について、これからも重要なポイントになるので、ここで説明をしておこう。

私は、多くの人が仕事を共同でやっている経営の現場には、つねにカネ、情報、感情、という三つのものが同時に流れている、と考えるとわかりやすいと思っている。否応なしに、三つとも同時に流れてしまっている。

カネの流れは、経済組織体としての企業ということを考えれば、もっともイメージしやすい。企業の中の仕事の場とは、企業という経済組織体が市場に製品を送り出

したその対価としての販売収入をカネという形で受け取るための仕事の場である。そのために、仕事に必要なさまざまなモノを買う。そこでもカネが流れる。さらに、個々の人にとっても、仕事の場は自分の労働サービスを提供して対価として賃金をもらう場になっている。

しかし、仕事をしている生身の人間は単にカネと引き換えに労働サービスを提供するだけの、ロボットのような「物質的存在」ではない。人々には、感覚器官があり、頭脳があり、心がある。彼らはみんな、情報的存在でもあり、心理的存在でもある。人は、他人とコミュニケーションをしながら仕事をしていく。他人と情報交換や情報共有をしている。そして人は、仕事の中で喜んだり、落ち込んだり、仲間と共感をもったりする。

つまり、人々の間には、仕事のプロセスの中で、情報が流れ、感情が流れている。つまり、仕事の場では普通、カネだけでなく、情報と感情が「あらゆる仕事に伴って否応なしに」流れている。

情報が仕事の場で流れている、流れてしまう。その情報の流れとは、開発のための実験の情報、市場のニーズについての調査情報、そうした情報収集を第一義的機能として意図してやっている開発や市場調査の担当者の間で流れているだけではない。

生産や販売という、情報の流れとは無縁に見える作業をやっている人たちも、仕事のプロセスの中でさまざまな観察をし、学習をしているのが常である。ヤマト運輸の例でいえば、顧客の家の玄関に入って接客をするドライバーは、じつは顧客の潜在ニーズ（たとえば在宅時間や出したい荷物）をいつの間にか学んでいる。そして、誰かが獲得した情報を別の人に伝達しようとする、現場のコミュニケーションという情報の流れも起きる。

そうした仕事をしている人々は、必ず感情をもち、心理的な動きを自分の中に抱えた存在である。であれば、仕事をしながらやりがいを感じることもある、つまらないと思うこともある。さらには、仕事がうまくいけば、達成の喜びも感じるだろう。逆に、失敗すれば、意気消沈をする。

ヤマト運輸のドライバーは、荷物を届けた際にお客さんに「ありがとう」といわれて、大いに感激するという話が多い。人の謝意を直接受け取ることの少なかったトラック運転手が、直接に顧客と接客するようになったことによる感情面での副産物である。

そうして1人ひとりの個人の感情の動きだけでなく、組織という人間集団の中では個々の人の間に感情の相互作用が起きることも多い。たとえば、多くの気の合う仲間と一緒に仕事をしていると、高揚感を感じる。逆に、仲間内にチームワークを乱す自分勝手な行動をとる人がいると、そこからしらけた雰囲気が伝染することもある。そうした心理的な相互作用の結果、「仕事の場には感情が流れている」とでも表現すべき現象が起きるのである。

だから、どんな経営行動の発想について論理的検証をする際でも、カネの論理（つまり経済の論理）、情報の論理（つまり学習の論理）、ヒトの論理（つまり感情の論理）、という三つの論理の観点を総合的に考えての検証をしなければならないのである。

しかし、ついつい、カネの流れという見えやすいものに過大な注意が集中する。カネの流れは会計データがつねに計測しているからである。データが容易に入るから、人々の意識がそこに集中しがちになる。だから、経済の論理が重視される。

もちろん、経済活動が企業の基本だから、経済の論理の「重視」は必要である。ただ、学習の論理と感情の論理に向けられる視線が過小になるのが、こわい。それでは、経営行動についての仮説の論理的検証の「あるべき姿」ではなくなってしまう。

小倉は、この三つの論理を複眼で総合的に使うことに優れた経営者だった。

たとえば小倉は、現場のドライバーに自由裁量権をかなり与えて、荷物が破損したりした場合の補償の権限まで与えようとした。もちろん、この経営行動をとると会社の収支へのどんな影響があるかを、小倉は考えただろう。経済の論理である。しかしそれと同時に、そこまで現場のことを任されたドライバーたちのモチベーションが上がることも考えた。感情の論理をよく理解していたのである。

そして、そのようにモチベーションが上がり、「ヤマトは我なり」という経営理念が浸透した現場の人々が、配達先でさまざまな観察をし、顧客のニーズについて学習してくるだろうことも、小倉は考えていた。学習の論理である。実際、小倉が宅急便開始後に導入した多くのイノベーションは、たとえばゴルフ宅急便、スキー宅急便、あるいはクール宅急便にしろ、すべて現場から顧客の潜在ニーズに応えたいという提案が上がってきたものであった。

第6章

仮説を育て、論理の肝を押さえる

仮説進化のための高速フィードバック：仮説を育てる

前章の最後で、仮説の論理的検証を意義のあるものにするための三つのスタンスの第一として、「現実を直視する」というスタンスの重要性を述べた。この項では、第二の重要なスタンス、仮説進化のためのフィードバックをする際の「仮説を育てる」というスタンスについて解説しよう。

発想（つまりは仮説）の論理的検証を行なうプロセスでは、検証を始めるとさらに考えるべきことを新たに思いついていくことがしばしばである。はじめに設定した仮説の不十分な点が論理的に浮かび上がり、それを補おうと新しい仮説が生まれる。そして、より充実した仮説に対してさらに論理的検証を重ねるのである。これを繰り返すと、つぎつぎと仮説が充実し、あるいは新しい仮説が加わっていって、よりたしかな構想へとつながっていく。それが、「仮説を育てる」ということである。

このプロセスを示すと、

仮説Aの発想

←　その論理的検証

←　修正あるいは追加補充後の仮説（仮説B）の発想

←　その論理的検証

←　さらなる進化した仮説（仮説C）の発想

←　さらなる論理的検証

ということになる。

直感の回転を扱った第4章で、論理のつじつま探しで直感が刺激され、回転していくプロセスを解説したが、そのプロセスの結果としてここでいう仮説進化への高速フィードバックが起きている、と理解していい。直感的発想のステップと論理的検証のステップは、このようにぐるぐる回りでつながっていることがしばしばなのである。

このパターンで仮説が育っていくのには、基本的に二つのパターンがあるだろう。一つは仮説集合体が育つ、というパターン。もう一つは、仮説がより緻密になっていくという、仮説緻密化というパターンである。

第一のパターンを小倉の例でいえば、次のようになるだろう。

まず、宅配を経済的に成立させるためには密度が重要という仮説を思いつき、その密度を顧客に便利なように実現するための手段についての仮説として、一つの地域の中で密度濃く荷物が出てこられるように、たとえば酒屋さんに集配業務を委託するという仮説が生まれる。さらに、彼らが委託を引き受けてくれるためには、手数料としていくら払う必要があるか、についての仮説も考えなければならない。

そこからさらに、そうした取次店を回って集配できるための輸送体制についての仮説につながる。たとえば、どのくらいの台数のトラックを用意すれば、ある地域営業所で集荷可能か。もちろん、その台数についての仮説の当否を検証するには、その同じトラックが個人宅からの電話による直接集荷の要請に応える場合もあることを想定する必要がある。

こうした一連の検証プロセスの結果として「育った仮説」は、酒屋への委託という仮説、それを引き受けてくれるためのインセンティブとして必要な委託手数料と委託店数の仮説、そして最後に集配のためのトラックの台数の仮説、そうした仮説の集合体である。仮説はAからBそしてCへと、つぎつぎと論理的につながっていって、最後は仮説A+B+Cという仮説集合体が生まれるのである。それはまさに、仮説が育っていく、と表現すべきことである。

この第一のパターンは、いわば仮説が横に拡がっていく（その結果、A+B+Cとなる）と表現すべき「仮説の育ち方」であるが、タテに深掘りされていくパターンもありうる。それが仮説緻密化というパターンである。最初の仮説からタテに深掘りされて、一つのことについての仮説がより精密に深まっていく。たとえば、顧客のターゲットを絞るという仮説の場合に、どんな条件ならどのターゲットが適切、という具合に深まっていく、というパターンである。イメージ的には、仮説Aから仮説A′、仮説A′から仮説A″へと深まっていくのである。

仮説集合体への拡大にしろ、仮説緻密化への深掘りにしろ、仮説が育っていくことを「仮説の進化」と名づけよう。二つのパターンのいずれでも、仮説進化のためには最初に発想した仮説の論理的検証を徹底的にしようとするスタンスが出発点である。

そして、その論理的な検証と仮説の進化は高速のフィードバックでつながっている必要がある。ある検証をやってみたら、仮説のどこをどう進化させるべきかを思いつく。それを「検証から仮説進化へのフィードバック」と呼べば、そのフィードバックの高速化が重要である。一つひとつの論理検証のプロセスを高速で行ない、仮説の修正・補充・拡大・精密化、などが効率的に可能になるようにしたいからである。

高速フィードバックの三つのポイント

この高速フィードバックを可能にし、かつそのフィードバックの結果として進化する仮説の適切さを確保するために、次の三つのポイントが重要だと思われる。もちろん、仮説を育てるというスタンスを徹底的にもつことを前提にした上でのポイントである。

- 高速で現実チェックを行なう

●ダメそうな仮説からはいさぎよく撤退する
●仮説の集合体の全体をつなぎ止める、数量的パラメータを大切にする

第一に、高速フィードバックを目指すポイントとして重要なのは、高速現実チェックである。思いついた仮説の当否を判断するために現実とのチェックを高速で行なうことを心がけるのである。

そうした現実チェックを高速で行なえるためには、じつはチェックする人の頭の中に現実の観察がすでにかなり入っていることが不可欠だろう。その現実観察の蓄積を活かして、さらにはそこから現場想像力を活かして、高速現実チェックがはじめて行なえる。

さらにいえば、「詳細なデータをまず入手してから現実チェックをする」という態度では、ダメなことも多そうだ。時間がかかるからである。もちろん、最後の最後の現実チェックはできればきちんとしたデータでやりたいが、じつは現実のデータなど手に入らないことも多い。そのときに、データ入手まで待つといっても、らちが明かない。だから、自分の現場想像力をあえて信じて、自分なりの現実チェックを素早く行なって速いフィードバックをかけるのである。

なぜそうした速いフィードバックが必要かの理由は、じつは高速フィードバックによる仮説進化が生産的な論理的検証プロセスになるための第二のポイントと関連している。そのポイントとは、**ダメそうな仮説からはいさぎよく素早く撤退する覚悟が必要**、というポイントである。ダメな仮説にいつまでも拘泥してはならない。ダメとなったらスパッとあきらめる。あきらめて転進して、そこもダメならまた戻ってくればいい、という仮撤退でもいい。

もちろん、論理的にいけそうだと思える仮説であれば、あまり簡単にあきらめないほうがいいことも十分ありうる。撤退のいさぎよさと執念のなさは、紙一重の問題だが、「いさぎよく撤退することとありうべし」と思いながら、素早くきちんと現実チェックをする、というのが普通はもっとも生産的であろう。それは、人間がしばしば「いったん思いついたことに拘泥しやすい」という本性をもっているからである。

こうした一連の高速フィードバックによる仮説の進化は、「考えるべきことが論理的つながりで拡がる、あるいは深まる」と表現してもいいだろう。それは別な言葉でいうと、短時間でどれだけ豊かな思考実験を頭の中で行なえるか、ということである。平たい言葉でいえば、「ああでもない、こうでもない、と懸命に考え続ける」ということである。考えるだけなら、タダである。それが適切に繰り返されると、仮説のらせん的拡大あるいは深化という仮説の進化が可能になるのである。

そうしたらせん状の仮説進化はしかし、でき上がっていく構想全体として内部整合的なものである必要がある。つまり、拡がっていく仮説全体が論理的に内部で破綻していない、ということである。そのために大切なのは、第三のポイントとしてあげた、基礎的な数量的パラメータを大切にすることである。

小倉はそれをきちんとやっていた。小倉の論理的検証プロセスの一つの特筆すべき特徴は、中心的な「数量的パラメータ」を必ず確認していることである。たとえば、全国ネットワーク形成には、何カ所のセンターが必要か。いくらの取次料金を支払えば、月間どれほどの取り次ぎ収入となって、取次店となってくれるか。一日の荷物の量がどのくらいになれば全国ネットで採算がとれるようになるか。

こうした数量的パラメータは、宅急便構想全体が論理的に内部で整合性がとれていて、現実にきちんと機能するためには、肝心な変数なのである。わかりやすいたとえ話でいえば、大工さんが家を建てるときに、建築面積の広さを確認して必要な材料と工数の見当をつける基礎数値にするようなものである。そうした基礎パラメータの数量的確認は、論理的検証の一つの中核である。それは、データ調査をするという意味とはまったく異なる、しかし数量的発想を大切にするということなのである。

とくに、らせん状に構想を進化させていく場合には、進化の中でいつの間にか数量次元の規模感が異なってしまった仮説が集まり始め、その全体的整合性がとれなくなる危険があるので、要注意であろう。

事後的対応のための事前準備：論理の肝を押さえる

それでは最後に、論理的検証の第三の意義、事後的対応への効果、を生み出すためのスタンス、論理の肝を押さえる、について考えよう。

いきなりだが、ここで2600年以上前の兵法の古典『孫子』に話をさかのぼらせたい。じつは、『孫子』にも、この章で私が強調している「論理的検証の三つの意義」の大切さを意図したと思われる言葉がある。

「算多きは勝ち、算少なきは勝たず」

という言葉である。

『孫子』の冒頭の章である、「計篇」という部分に書かれている言葉である。算とは、作戦をつくる際の論理思考のことである。算多く、とは戦《いくさ》の前に論理的に考える量が大きくかつ考えることの質が高いことを意味する。そうした算を戦の前にきちんと行なって作戦をつくれば、戦には勝つ、と孫子はいうのである。

この言葉で孫子はもちろん、論理的に作戦の現実適合性をチェックする重要性を強調している。前章で説明した、発想の論理的検証の第一の意義である。そして、算多ければ作戦の発想が進化していく、ということも孫子は考えていたと思われる。この章で説明した第二の意義である。

しかし、孫子がもっとも強調したかったのは、いざ戦の現場で事前の想定と違う状況になっても、算多きプロセスを経た将軍は適切な修正行動をとれる可能性が高まる、という事後効果、この章でいう「論理的検証の第三の意義」だと私は解釈している。

なぜ事前の算多きことがこうした事後効果をもたらすか。第一に、何か想定外のことが現場で起き始めたときに、事前の算が多ければどこで事前の想定と違うことが起きたかを理解しやすくなる。こんな想定外のことが現場で起きているということは、事前のあの前提が間違っていたのだなと見当をつけやすい、ということである。事前の算が深くない人は、想定外の事態が起きるとただうろたえるだけになるだろう。

そして第二に、事前の算が深いということは事前の計画の論理をよく理解しているということだから、新しい状況への対応の論理（つまりは新しい前提をおいての作戦の論理）もつくりやすくなるであろう。事前の算の論理の肝を深く考えている人は、別な行動案を現場でつくらなければならない状況でも、その肝にしたがった新しい行動案とその適切さを担保する新しい論理を素早くつくることが可能になるのである。だから、想定外対応の修正判断が速くなる。

こうした二つの理由から、事前の算の想定通りに事が進まなくても、事後的な現場対応で素早く的確な動きがとれ、結果として勝てる確率は高くなるのである。

小倉の例でいえば、彼は自分がつくり上げた構想全体に通底している論理の肝まで、事前の算の段階で考えていた。だからたとえば、顧客不在のために翌日配達率が低くなってしまうという想定外の事態（顧客が配達時に家にいるという素朴な前提が成立しない事態）が起きたとき、「サービスが先、利益は後」という論理の肝まで事前に考えていたからすぐに、配達時間の延長というような対応策をとらざるを得ない、と思えたのであろう。

その肝までさかのぼって考えていない人だったら、配達時間の延長による人件費増加というコスト増加と、翌日配達率の向上による顧客満足増加のトレードオフの調査、などに時間をかけてしまうかもしれない。それでは、現場が必要とする素早い修正行動にはつながりにくいだろう。

こうしたスピーディな現場対応案の論理的検証が適切にできるのは、自分の頭の中にきちんと事前の論理的検証プロセスでたどった論理が頭の中に入っている人だけであろう。自分で論理的検証をきちんとやった人（たとえば小倉）だけに生まれるメリットである。他人任せ（部下任せ、コンサルタント任せ）では、このメリットはあまり期待できそうにない。

事前の論理的検証がもたらす事後効果とは、ある意味で欲張りな話である。事前に当然やらなければならないはずの論理的検証を、事後の想定外対応にも役立つようにやろう、というのである。しかし、「欲張り」とは、それがうまくいったときのメリットは大きいということでもある。それぐらい、欲張りになりたいものである。

ただ、単純に欲張りになって、事前に「ああでもない、こうでもない」と論理的検証を積み上げようとするだけだと、そこにはいくつも論理的ストーリーが生まれてくる可能性がある。そうすると、乱雑な論理的ストーリーの集合体で頭が満たされて、ただ混乱をする、という危険もある。

だからこそ、それらのストーリーの共通基底部分、いわば論理の肝（基本コンセプト）とでも呼ぶべきものは何かを考えることが、非常に重要となるのである。論理の肝を考えるスタンスが欠ける人には、事前の論理的検証の事後効果は生まれそうもなく、ただの事前論理の混乱に終わる危険のほうが大きそうだ。

事前の算の論理の肝を、論理を考える経営者自身がもっているだけでなく、現場の幹部なども共有している場合には、事後の現場対応はさらにスムーズにいくであろう。現場が、なぜこの修正計画がいいのかの論理を理解しやすいからである。あるいは、現場が想定外の事態への適切な修正案を提案する可能性も高くなる。共有された論理の肝にしたがって、現場がものを考えることが十分ありうるからである。だからこそ小倉は、部下たちに向かって「サービスが先、利益は後」と口を酸っぱくしていい続けたのである。

「現実直視」の敵

以上で前項まで、望ましい論理的検証プロセスの意義とその背後のスタンスについて、私は語ってきた。しかし、事はそう簡単にはいかない。あちこちに思考の障害（あるいは敵）や落とし穴があって、望ましいスタンスを貫徹するのはそれほど簡単ではない。そこで以下では、どんな敵や落とし穴があるか、それを考えてみよう。

まず、現実直視という第一のスタンスについて。

現実を直視せよ、とストレートにいわれたら、当然だと多くの人が答えるだろう。そして、それを自分は実行しているつもりだ、とも思うであろう。しかし、案外とそうはなっていないことも多い。次の三つの敵が潜んでいる危険があるからである。

- 不都合な真実
- 大きな真実
- データというエビデンス

不都合な真実とは、自分たちに大きなマイナスをもたらすポテンシャルが大きいような現実のことである。環境の将来動向についても、あるいは自分がこれからとろうとする経営行動が生み出す影響についても、「そうなったら困るな」という不都合な事態は数多くあるだろう。

そんな不都合な真実が現実の中に含まれていると、人はしばしばそれを見ようとしない。その不都合さゆえに、そのマイナスインパクトの大きさゆえに、その現実の可能性を軽視したくなってしまう、ということがある。本当は、そうしたマイナスの現実こそ直視しなければならないのに、である。現実を見る眼にどこかで歪みが生まれ、その歪みが普通ならきちんと見そうな現実から目をそらしてしまう。それが、不都合な真実を見ない、ということの定義である。

それは、無知あるいは知的怠慢のゆえに見るべきことが見えなくなっている、というのとはかなり違う。目の隅では見えているのに、きちんと見ないのである。結局は、都合のいいことだけを見たがる、という人間の弱さが根底にある。目には入っているが、真正面からは見ようとしない、というべきか。その結果、現実を直視しないことになってしまう。

しかし、真実が見えないのには、少なくとももう一つ深刻なパターンがある。それは、**真実を見ようとする人の視野を大きく超えて拡がるような「大きな真実」**が、大き過ぎて見えない、というパターンである。

見るべき真実の対象は、不都合な真実の場合と変わらない。環境の将来動向についての真実であったり、自社のとる行動のもたらすインパクトについての真実である。

不都合な真実を「見ない」のは、「見たくないから見ない」。大きな真実が「見えない」のは、「視野の外で重大事が起きているから、見たくても全部が見えない」。

もちろん、単なる読み違い、あるいは想定外の環境変化、というように真実を見損なうというパターンもあるだろうが、大きな真実が見えないという場合は、見たいと思ってはいるが視野狭窄のために見えるはずのものが見えない、という場合である。そして、見えない真実が「大きな真実」であるだけに、それを見落としたときのマイナスは大きくなる危険が大きい。

たとえば、米中貿易戦争とその背後にある14億人の中国経済の巨大なポテンシャルのような国際政治経済の動向という大きな真実を見落とし、短期的な対中貿易の変動に振り回されて中国への投資を安易に回避する方向へと舵を切ろうとする対応があげられる。大きな真実の動きが読みにくいだけにやっかいな問題である。

現実を直視することの第三の敵は、意外に思われるかもしれないが、**エビデンスとくにデータに頼り過ぎる**ことである。データは、なんらかの前提をおいて現実の一面を切り取った（測定した）結果である。「数字」というから客観性、真実性をもっているようについ思えてしまうが、じつは「前提」次第で測定値は変わりうる。

その前提を忘れて、自分たちの将来をデータに頼り過ぎて考えると、数字は見ているが現実は直視したことにはならない、という悲劇が生まれる。真のエビデンスは、どのデータがどのようなメカニズムで生み出されたか、という論理なのである。その論理を理解しようとすれば、数字に振り回されず、じつは現実の行方が見えてくる可能性が高い。

バブル期に大都市の土地の価格の上昇だけを見て、その背後にどんな現実のメカニズムがあるかを考えず、その傾向が地方都市にも同じように当てはまると考えてしまって地方での不動産投機が拡大した、などという例が、エビデンスに頼り過ぎてじつは現実をきちんと見ていなかった例であろう。

三つの現実直視の敵はいずれも、私自身も負けた経験のある敵である。その反省を込めて、現実をあえて細かく見ることの大切さ、その現実がいかにして生まれているかのメカニズムあるいは論理をきちんと考えることの大切さを、強調しておきたい。

過去への拘泥と目くらまし

しかし、こうした三つの敵についつい負けてしまうのが、私もそうだが、弱い人間のよくある姿である。そして、負けてしまうのにも、しばしば共通の原因がある。この項のタイトルにした、「過去への拘泥」と「目くらまし」の存在である。それに、ぜひ気をつけたい。

前項であげた不都合な真実という敵が生まれるのは、それに気がつかないとかまったく目を向けないということではなく、目の隅では見ているのだが、その真実が自社にとって都合が悪いものだから、つい目をそむけてしまう、ということである。

たとえば、自社のこれまでの主力製品に、思わぬ方向から挑戦者が現れ、その競争相手が自社とはまったく違う技術や強みをもって攻勢をかけてくる。そのとき、そうした技術や強みに対して、否定的な見解、それは大したことはない、という解釈が社内で出てくることがしばしばである。そして、そんな意見は、その主力製品の担当部門から出てくるであろう。自分たちのこれまでの努力を否定されるようで、心理的バイアスがついかかってしまうのである。

つまり、過去の否定をしたくない人間が多いために、過去につい縛られ、必要以上に拘泥してしまう。もちろん、社内にはその不都合な真実にきちんと目を向けるべきという意見も出るだろう。しかし、主力製品担当という社内勢力図からして、その正論が通らずに自社に都合がいいような現実の解釈が組織としての主流の解釈となる可能性が高い。それで、組織としては過去への拘泥の害にさらされる。それで結局は、新たな現実を直視しない、ということになってしまう。

こうして過去への拘泥が不都合な真実から目をそむけさせるときに、しばしば、目くらましが同時に存在していることが多い。不都合な真実に仮に目を向けようとしても、それをさせないような目くらましがどこかに出現して、その「目のくらみ」のおかげで現実をきちんと見られずに、自社都合の解釈がまかり通る。

その目くらましの源泉は、多くの場合、小さな真実と流行り言葉である。

小さな真実とは、企業が直面している大きな現実の一部でしか成立しない事実なのだが、それでも真実である。たとえば先の例を続ければ、主力製品がじつは新しい競争相手にまさっているセグメント「も」ある、という事実である。そのセグメントが小さいことが不幸なのだが、それでもその小さな真実は「新しい技術はそれほど大したことはない」という主張の裏づけに使えないことはない。その上、その小さなセグメントと同じ方向での努力を他のセグメントでもやればいい、という勇ましい意見も予想できる。

流行り言葉（流行の経営の手法など）もまた、目くらましの源泉になりやすい。「世間ではこうした考えが主流だ」といわれると、ついその考え方を採用したくなる人たちが出る。それが自社にとって本当に論理的に意義が大きいかどうかの検証もあまりなしに、その流行に遅れることがマイナスだ、とつい考えてしまうのである。最近では、自己資本利益率（ＲＯＥ）を中心としたコーポレートガバナンス、あるいはデジタルトランスフォーメーション、などがその流行り言葉の例であろうか。

目くらましはじつは、前項であげた第二の敵（大きな真実が見えない）が大きなインパクトをもってしまう理由にもなる。

小さな真実も流行り言葉も、人の目を引く。人の目を引くからこそ、そこで目をくらまされて、現実全体を見ようとする視野の拡がりにつながらないのである。目くらましのせいで、小さな視野に人間の注意を不適切に集中させてしまうために、大きな真実が見えなくなる。

過去への拘泥と目くらましは、ともに人間の弱点が生み出す「ついつい」の間違いである。しかし、「ついつい」であるだけに、意図的に大きな注意を払わないと、落ちてしまう落とし穴だともいえる。その穴に落ちないための対策は、当たり前のことをきちんと行ない、現実をありのままに直視するというスタンスを強調し続ける、それしかないように思う。

その「ありのまま」が難しいのだが、たとえば、現場を直接に幅広く観察する、大きな地図（たとえば世界地図）の上に目の前の小さな現実を位置づけるクセをもつ。これだけではないが、そういった地味なスタンスを多面的にとることが肝要であろう。

「仮説を育てる」への敵

それでは次に、論理的検証プロセスで大切な第二のスタンス、「仮説を育てる」というスタンスを時に難しくしてしまう、障害・敵について考えよう。

仮説を論理的に検証していく中で、さらに発展した新しい仮説を思いつき、それを論理的に詰めていく。それが繰り返されて、仮説が育っていく。たしかに、その展開の道中がこうすんなりいけばありがたい。しかし、その道中では、次の三つの敵がしばしば現れる。

- 引き込み線
- 論理のずれ
- 論理の飛び

第一の敵・引き込み線とは、論理展開の本筋を外れて、そこから先の展望が開けていないような経路のことである。鉄道の駅で、本線から分岐して駅のはしで行き止まりになっている線路があるが、それが引き込み線といわれるものである。

仮説を育てるプロセスで、いろいろと調べかつ考えていると、魅力的に見える経路に目を奪われて、本筋を外れて枝葉に入り込むことは、多くの人が犯す失敗である。しかし、いくら当初は魅力的に見えても、引き込み線に入ってしまうとそこでいくら高速フィードバックでどんどん仮説が進化していっても、有望な構想にまで進化するとは思いがたい。

引き込み線に入らないための一つの有力な手段は、シンボリックな観察あるいは事実が与えてくれるイメージを、鮮明に具体的に描いておくこと、そしてそのイメージから絶対に目を離さないこと、であろう。小倉の例でいえば、マンハッタンの四つ角の4台のトラックの観察であり、それが意味した「配車の密度、荷物が出てくる密度」という事実である。

そこから目を離してしまうと、途中で調べた別のことのイメージに引きずられ、あるいはそのときに使っていた言葉からの連想ゲームで、思考がどこかへ飛んでいって、論理の本筋からずれていってしまう危険が大きくなる。人間の思考は、それほど漂流しやすい。

引き込み線に入るきっかけは、論理の分岐点で間違った方向へと思考の展開の舵を切ってしまうことである。その分岐点で、論理のずれが起きているから、本筋を間違える。

論理のずれとは、AならばBである、BならばCである、と論理の本筋が進んでいくはずのところを、AからBでなく、Bとは似て非なるB´へと「きちんとつながっていないのにもかかわらず」進んでしまうことである。B´へと進んだ後、そのまさらに進み続けると引き込み線に入ることになる。

しかし、途中で分岐点を間違ったことに気がつくこともある。そこで引き返せば、引き込み線に入らずに、もとの本筋に戻れる可能性もある。しかし、ムダな論理の展開をしてしまった努力と時間の浪費は起きてしまう。

だから、論理のずれをたびたび起こしてしまう人は、仮に引き込み線に入らなくとも、仮説を育てる高速フィードバックのプロセスがあまりうまくいかないことになるだろう。行きつ戻りつが多過ぎる。だから、仮説を育てることへの第二の敵として、ここで指摘しているのである。

仮説を育てるというスタンスを維持したいときに出てくる第三の敵は、論理の飛びである。AならばBである、BならばCである、と論理の本筋のプロセスで、途中のステップとして論理的つながりとしては必須のはずのBを飛ばしてしまって、いきなりAならばCであるといってしまうことである。

論理の飛びの典型例は、論理の詰めの甘い人が自分でも知らないうちに必要な中間点を飛ばすことである。

もちろん、仮にBを飛ばしたとしても、正しいCへと飛ぶなら、まだいい。だがしばしば、途中を飛ばしているのだから、Cとは似て非なるC'へと飛んでしまうことが多い。途中の論理を詰めて考えていないのだから、正しい着地は望み薄なのである。これでは、仮説を育てるプロセス、しかも発想と論理的検証の高速フィードバックがうまくいくとは思いがたい。

小さい言葉と現場想像力

こう書けば、誰も論理のずれや論理の飛びはよくないと思い、自分でやりたいとも思わないだろう。しかし多くの人が、ついつい、「ずれ」も「飛び」もやってしまうことがあるのである。

「ずれ」も「飛び」も、それが起きてしまう基本的な原因は似ている。一つには、論理的思考プロセスで使っている言葉が大き過ぎて甘い、あるいは言葉があいまいであることである。言い換えれば、自分が使う言葉の定義があいまいなまま、考えている。だから、そのあいまいな言葉からの連想ゲームで思考が間違った方向へと転がっていく。

しかし、出発点の言葉の定義があいまいだから、間違った方向へ進んでいるという認識をもちにくい。本人としては論理的につながっていると思えているのである。それで、思考が漂流あるいは迷走し始める。その結果、論理のずれも飛びも、本人が意識しないうちに起きてしまう。

「ずれ」と「飛び」のもう一つの共通の原因は、現場で実際起きていることを生きと想像する、現場想像力が弱いことである。もし、現場がどうなっていくかをきちんと想像できれば、自分がたどり始めた論理の筋がおかしいと気がつくだろう。現実は論理的だから、起きるはずのない現実を自分が「論理的だと思い込んで」夢想していることに、現実をきちんと想像できれば気がつきやすいはずだからである。

この二つの原因に対する対策は、第一に自分の使う言葉としては「小さい」言葉を使うこと、それも定義をきちんと頭の中で描きながら使うことである。

小さい言葉とは、その意味するところが狭い言葉である。だから、あいまいな部分や焦点ぼけの部分は入りにくい。それに対して、意味する範囲が広く解釈できる大きな言葉は、その言葉の傘の下に多くのものを放り込めるので便利なのではあるが、他方であいまいさをどうしてももってしまう。だから、言葉の連想ゲームの出発点になりやすい部分を多く含んでしまっている。それを避けるために、あえて小さい言葉をシャープに使う。

論理のずれや飛びに対する対策の第二は、現場想像力が豊かになるように、現場についての知識にしっかりと沈潜することであろう。すでに前章で説明したように、「現実は論理的である」という本質に、自分の思考が揺れないように防御壁を求める、と言い換えてもいい。その防御壁を確保するための、現場想像力なのである。

もちろん、この二つの対策の前提として、「きちんとした論理的検証」とは何かをしっかりイメージしておく必要がある。論理の詰めをしっかりとすること、思考のあいまいさを排除するように努める、ということが論理的検証の大前提なのである。

小倉の場合、現場にわかりやすい言葉だけを使うというクセがあったから、言葉は自然に「小さな」言葉になったし、また彼は現場を誰よりも回る人だった。この二つの対策は、いわば自然に備わっていた。また彼は、徹底した論理の人であるだけに、きちんとした論理的検証のイメージもまたしっかりともっていたはずである。

「論理の肝を押さえる」への敵

論理的検証プロセスの第三のスタンス、「論理の肝を押さえる」というスタンスへの敵について、最後に触れておこう。このスタンスをきっちりと守ることもそれほど容易ではないのである。

ここでも、敵として少なくとも次の二つを想定できる。

- 肝として、絞り込むことへの不安
- 肝の表現の、言葉選びの難しさ

論理の筋道とは、Aという行動をとるとBという結果がもたらされ、それがさらにCという行動を必要とさせて、結果がDとなる。そこでさらにEという行動をとると……、と話が展開していくストーリーである。その長いストーリー全体を成立させている少数の重要なキーワードが、ここでいう「論理の肝」である。小倉の場合、それが「密度」であり、「サービスが先、利益は後」であった。

こうしたキーワードを押さえておくことが、事後的な修正対応のためにも、あるいはストーリー実行の際の自信の裏づけとしても、大切であることは多くの人が納得するだろう。しかし、その「肝を押さえる」こと自体が、案外と難しい。

その敵の第一は、そうして少数のキーワードに絞り込むこと自体に感じる不安である。そのキーワードが本当に肝になりうるのか、という不安があるから、それへの絞り込みが甘くなる。いくつかのキーワード候補を思いついても、それが外れるのがこわいから、もっとさまざまなキーワードをとっておきたくなるのである。しかしそれでは本末転倒で、かえって現場対応での焦点がぼやけることになり、あるいは事後的対応の修正行動の決定の際にも混乱することになりそうだ。

その不安を吹き払うだけの自分の論理への自信が、肝となるべき少数のキーワードを絞り込むためには必要となるだろう。それは、論理の筋をどれほど深く考え抜いたか、に依存する自信だろう。小倉は2年の時間をかけて、考え抜いたのである。

敵の第二は、言葉選びの難しさである。仮に肝になるべき事柄は何かをある程度きちんとイメージできたとしても、それを適切な言葉で表現しなければ、他人には伝わりにくいし、自分としてもはっきりと意識できないだろう。

その言葉選びは案外と難しい。適切で、わかりやすく、かつ端的な表現になる言葉でないといけないからである。「大体はこういうことだ」でもダメだし、長い説明が必要になるのでもダメだろう。小倉を含めて多くの名経営者の表現能力が高く、いわんとすることがわかりやすいのは、偶然ではない。そうした「言葉選び」の能力が高いから、名経営者になれたのである。

じつは、言葉選びが難しいことの奥には、そもそも少数の本質的なキーワードが何かを考えようとする本質思考とでも呼ぶべきスタンスの不十分さがありそうだ。本質に思考をめぐらせれば、その本質に行き着いたときには言葉が自然に出てくるのだろう。

第7章

跳躍できるための、哲学

跳躍とは、跳んでそして走り続けること

私はこの本で主題としている決断について、第1章で、

決断＝判断＋跳躍

という式を紹介した。決断の定義の式である。

決断のためには、その行動の適切さについての判断がなんらかの形でなければならない。しかし、判断だけでは決断には至らない。決断とは、判断を一応は下しながらもさらに迷ったあげくに、あえて跳躍することなのである。

判断と行動の実行の開始の間には、じつは深い溝がある。いくら判断のために論理的に考え抜いても、まだ不確実な世界が自分の前には広がっている。その迷う部分に見切りをつけて、不確実な未来に向かって思い切って跳躍をしなければ、実行は始まらない。実行が始まってこそ、決断と呼べる。

跳躍という言葉の二つの漢字は、うまく組み合わされている。有名な漢字の大家・白川静博士の『字通』によれば、「跳」という字の意味は、はねあがることであり、「躍」という字の意味は躍ること、進むこと、である。つまり、跳躍とは、まず跳ぶこと、そしてその後に躍り進み続けること、その二つの行為が意味されている。

じつは、経営の世界での決断における跳躍も、まさしくこの二つがつながっていなければ意義はうすい。第一に、まず踏み切って前へ向かって跳ぶこと。そして第二に、跳んだ方向で目的を達成すべく懸命に（躍るが如く）走り続けること。つまり、「踏み切る」ことと、ゆるがぬ実行をして「走り続ける」こと、この二つが揃わなければ決断を成功に導く真の跳躍とはならない。

第1章で紹介した本田宗一郎の例でいえば、工作機械を大量輸入することが当然に跳ぶこと自体で、跳躍の前半部分なのだが、購入した工作機械を使っていいオートバイをつくるための努力を懸命にすること（そしてその使うプロセスで起きるさまざまなトラブルを処理していくこと）も、跳躍の後半部分であり、「躍って進むこと」なのである。

最初に跳ぶことは、いわば不可逆のジャンプである。取り消しの利かない行為である。たとえば、工作機械を購入して巨額の代金を支払ってしまったら、単純に返品して完全にもとに戻すことは通常できない。だから購入に踏み切る覚悟がいるのだが、その後に走り続ける覚悟、歯を食いしばってもいい製品をその工作機械で生み出すという覚悟も同時に必要である。

そうした走り続ける覚悟をそもそもてなければ、とても踏み切る覚悟も生まれないだろう。踏み切った後には、事前には想定が難しいゴタゴタが起きるのが普通で、それの処理も含めてきちんと実行の世界で走り続けなければ、成果を生み出すゴールには到達できない。

最初の不可逆なジャンプとその後の走り続けるプロセスと、この二つが跳躍全体を構成している。そのいずれにも不確実性があることを承知の上で、跳躍せざるを得ない。不可逆なジャンプにあたっては、その方向と大きさがそもそも適切なのかという不確実性。そしてその後の走り続けるプロセスでは、きちんとした組織的努力を踏み切った方向で継続できるかという不確実性。

その二つの不確実性を承知の上であえて跳躍するのには、二つの覚悟がいるだろう。

①不可逆なジャンプへ踏み切ることによる、大きな資源投入のリスクの覚悟
②踏み切り後の実行プロセスを完走するまでの、長い努力の覚悟

第一の覚悟をきちんともつためには、最初のジャンプを行なう「踏み切り」の哲学が必要だろう。そして第二の覚悟をきちんともつためには、踏み切り後の長い実行プロセスでの「走り続ける哲学」が必要であろう。

しかも、その走り続けるプロセスは、経営者あるいはリーダーがひとりでやればいいことではない。組織全体が走り続けなければならない。それは、「組織的努力」の持続のプロセスである。経営は、経営者やリーダーがひとりでやるものではなく、組織ではたらく多くの人の努力があってはじめて成立するものだからである。この「組織として走り続ける」哲学がないために、つまりは長い実行プロセスの覚悟がないために、じつは踏み切りそのものができない、ということも多そうだ。

本田宗一郎の大きな設備投資の跳躍と同じ時期に、やはり自社の資本金の30倍を超える、しかも絶対規模では本田の50倍以上にもなる大設備投資を決断した男がいた。川崎製鉄（現ＪＦＥホールディングス）の初代社長・西山彌太郎である。彼の事例と本田の事例とを併せ考えながら、跳躍の哲学を考えてみよう。

「踏み切る」ための哲学と「走り続ける」ための哲学、この二つからなる跳躍の哲学である。

西山彌太郎も、資本金の30倍の大投資

西山彌太郎は川崎製鉄の初代社長だが、普通の意味での創業者ではない。東京帝国大学工学部を卒業後ただちに、川崎造船所に入社して製鋼の技術者としてサラリーマン生活を始め、やがて製鋼部門の責任者となった。そして、川崎製鉄が川崎重工業（川崎造船所の後身）から分離独立した1950年8月に、初代社長に就任した。

その彼が、川崎製鉄創立と同時に、臨海の銑鋼一貫製鉄所構想に走り始めた。銑鋼一貫とは、銑鉄をつくる溶鉱炉をもち、その銑鉄を同じ工場内で鋼板に仕上げることである。臨海という立地は、海外からの石炭や鉄鉱石の輸入をにらんでの構想であった。しかし、当時の川崎製鉄は神戸の葺合《ふきあい》に主力工場をおく、他社から購入する銑鉄やスクラップ鉄を鉄源にした製鋼工程だけをもった「平炉メーカー」と呼ばれる関西企業であった。

西山の構想によってはじめて、川崎製鉄は巨大な溶鉱炉をもつ高炉メーカーになる。溶鉱炉の建設も操業も経験のない川崎製鉄にとって、大きなジャンプであった。

しかも、立地は神戸からほど遠い、首都圏の千葉海岸である。さらに、全体の投資規模が巨大だった。１９５０年11月に、西山は千葉海岸への立地を発表し、総額１６３億円の銑鋼一貫製鉄所投資計画を通産省（当時）に提出したが、当時の川崎製鉄の資本金の33倍という巨額のものだった。社長就任後わずか３カ月での、巨大計画の発表だった。

この計画提出は、政府からの政策金融を期待しての申し込みであった。しかし、多くの業界人や金融関係者が「無謀」と非難した。千葉製鉄所の銑鉄生産計画量は、当時の日本全体の生産量の１割にもなる大きさでもあったのである。当時の日本の金融を牛耳っていた「帝王」でもあった一万田尚登《いちまだひさと》・日銀総裁の、「千葉にペンペン草が生えることになる」という揶揄的なコメントが話題にもなった。

しかし、この構想へ踏み切る決断を、じつはすでに終戦後間もない時期に西山はしていたと思われる。構想発表からさかのぼること1年ほどの１９４９年春だと思われるが、大阪大空襲の後の焼け野原が残っていた大阪の町で、当時の大和銀行専務の寺尾威夫《たけお》（のちに頭取）は、西山から日本の鉄鋼業の状況認識について、次のような話を聞いていた。

●日本は鉄鋼業を基幹産業として復興すべきではあるまいか
●鉄に関連した事業は最終的には溶鉱炉までゆかねばならぬ宿命的なものがあるように思う。どんな加工部門の合理化も一本の溶鉱炉の建設に及ばぬ
●原料を近所にもっているということは昔ほど有利でなくなる。この傾向はもっとハッキリしてくるだろう
●外地からの引き揚げ技術者の協力を要請すべきだ
（『高度成長を引きずり出した男』97～98ページ）

千葉という地名は出ていないが、最新鋭技術の臨海銑鋼一貫製鉄所をつくることが日本の鉄鋼業の生きる道であり、それが国全体の戦後復興と産業発展につながること、そして銑鋼一貫が製鉄業としてなにものにも代えがたい技術合理性の源泉であること、それらを明瞭に意識した発言である。

すでに終戦直後から、西山は戦後の鉄鋼生産と需要の意味について、若い人たちにこう語っていた。

「国が亡んでもう国境もなくなった。満州や朝鮮その他から幾百万と引き揚げてく

る。これから何千万という日本国民が食ってゆくためには、まず工業を起こし、商業を盛んにする以外に道はない。がんばってやろう」

ここには、国の復興のための鉄鋼業の意義についての、彼の哲学が語られている。鋼材は、国土建設の基礎資材であり、かつ輸出可能な重機械製品の基礎素材でもある。鉄は産業の米だったのである。

金融筋や業界筋の大方の非難の一方で、革新的な官僚や一部の公的金融機関（たとえば、日本開発銀行）からは、千葉構想に前向きの反応もかなりあった。彼らの肯定的意見の内容は、まず第一にその構想の壮大さへの驚き、第二にその構想が戦後の日本の歩むべき道へのビジョンとなっていることへの感嘆、そして第三に銑鋼一貫自体の技術的合理性への賛同、この三つであった。

長い論理的検証、しかし最後は平然と踏み切った

西山の構想の原点は、戦中の１９４２年の川崎重工業・知多製鉄所増強計画にあ

った。

この年の秋、川崎造船所は帝国陸海軍から生産拡充命令を受けた。約1年前には日米開戦があり、鋼材の軍への供給は国家的重要事であった。その軍からの要求を満たすには、新しい製鉄所をつくる必要があった。

その新製鉄所は銑鋼一貫体制のものにしたい、高炉を自分でもとう、と西山は考えた。彼は欧米視察旅行に行ってアメリカの進んだ製鉄所を見て以来、銑鋼一貫の夢をずっと心に秘めてきた。その実現に向けて走り始めるチャンスが、知多という伊勢湾岸の既存の立地でめぐってきたのである。彼は高炉技術者などを当時の日本製鐵から招聘して、後の千葉構想と同じ規模の臨海一貫製鉄所の設計図面をつくらせたのである。

ただし、このときは電炉の特殊鋼工場をつくるだけで精一杯で、終戦を迎えてしまう。しかし、彌太郎の技術哲学からすれば「製鉄業に必須」の銑鋼一貫の製鉄所の夢への助走がこの知多計画であった。それはある意味で、千葉構想がまとまるための最初の発想と論理的検証の開始であった。

その後も、彼は前項の寺尾の証言にもあるように、臨海銑鋼一貫製鉄所構想の論理的検証と準備を進めていく。その重要な一部をなすものが、「川崎製鉄が建てたことも運転したこともない」溶鉱炉の技術を担う人材の確保である。ここでは、終戦という幸運が西山に味方した。満州の鞍山製鉄所（西山はここを戦前に視察している）という満鉄が建てた銑鋼一貫製鉄所の日本人技術者たちが、大量に日本に帰ってきていたのである。彼らの主力が西山の呼びかけに応じて、川崎製鉄に加わった。

こうして、彼の技術者人生を通じてゆっくりと行なわれてきた論理的検証プロセスと「日本の産業の生きる道」という哲学のもと、西山は川崎製鉄の川崎重工業からの分離・独立の直後から、自分の構想実現へと跳躍した。そのとき、西山は「跳んだ」あるいは踏み切ったのである。

しかし、その踏み切りは劇的なものでもなく、踏み切りのタイミングで大いに悩んだ様子もなかった。悩んだのは、そのかなり前の段階であったろう。業界筋には無謀に見えても、千葉構想発表のときの西山は、いわば「平然と」踏み切ったのである。

それは彼のすごさでもあろうが、長い論理的検証のプロセスの積み重ねのもたらす自信と踏み切りへの哲学（高炉こそ必要という技術哲学、日本の産業のビジョンの哲学など）がしっかりしていればこその、平然たる踏み切りだった。その平然さは、哲学のもたらす「落ち着き」あるいは「安定」のいい例である。哲学のない人ほど、跳躍の際に大騒ぎをする。

しかし、踏み切りそのものは平然と行なえたとしても、その後の走り続けるプロセスは容易なものではなかった。実際、1950年11月の申請通りには計画が政府によって認められず、最終完成年度を遅らせ、また投資も4期に分割した第三次計画として1952年3月に、通産省と日銀によって認められた。ただし、投資総額は273億円に増えていた。

この第三次計画に対して、最後は通産省も日銀も肯定的となったのである。同業の八幡製鉄社長まで賛成に回ったことも大きかった。構想の技術的合理性を認めたのである。当初は反対であった一万田日銀総裁は、西山の没後に追悼記念文集でこう書いている。

「日本経済全体の安定を願います日本銀行としましては、そのこと自体は賢明なことであっても、この際、巨大な新しい設備についてはしばらく慎重な態度を望まざるをえなかったと思います。しかし、西山さんの千葉製鉄所建設の情熱、企業家としての覚悟には深く感動させられ根まけの形でした」(『高度成長を引きずり出した男』127〜128ページ)

日銀総裁をして根まけと言わしめるだけの、ぶれない決断と突進のエネルギーを、そして企業家としての覚悟を、西山はもっていたのである。

険阻な道を乗り越え、まっしぐら

その覚悟は、単に挑戦のための最初のジャンプをする覚悟だけではない。最初のジャンプの後、構想実現のために走り続ける、突進のエネルギーの覚悟でもあった。

1952年3月に政府によって計画が認められ、政策金融の道が開かれた後も、決してすべてが順調に進んだわけではなかった。構想実現への道を、西山の最大の理解者ともなったメインバンク・第一銀行頭取の酒井杏之助は西山の追悼記念文集で「常人のとうてい堪え得るところでないほどの険阻な道であった」(『高度成長を引きずり出した男』132ページ)と書いている。

その険阻さの最大のものは、巨大投資の資金調達であった。西山は「結局おカネは後からついてくる」と信じて、そして技術出身の西山自身があらゆる努力を資金調達のために注いで、計画実行に邁進した。

たとえば、世界銀行からの大型借款の交渉を、日本企業のほとんど先頭を切って１９５４年から開始した。１９５６年5月に世銀借款が成立するのだが、その交渉はきわめて厳しいものであった。世銀から見れば、財務体力に比べて計画が大き過ぎる、というのである。当時の自己資本総額１１０億円の2倍の投資を計画し、自己資本総額に近い99億円の借款を受けようというのだから、世銀の反応が常識的な金融合理性というものであろう。

しかし、１９５４年に来日して調査にあたった世銀調査団は、西山の構想の技術的合理性は評価した。また、従業員たちの懸命の働きぶりも評価した。しかし、それでも財務体力とのバランスから過大投資だというのである。

だが、西山らの懸命の説得と金融筋や政府筋からのサポートが重なって、世銀も最後には借款供与を決めてくれた。西山の粘り勝ちである。世銀調査団のメンバーのひとりは、西山のことを「ビジョンによって動機づけられ、しかし同時にそのビジョンを実現するためには十分に頑固でかつ現実的な考えをもつ人」と評している。

いったん決めたら、まっしぐら。それが、己が信じている道を走り続ける西山のスタンスである。それを、「頑固」と評した人がいたのは、面白い。頑固の哲学が、走り続けるためには必要なのだろう。

西山が走り続けられた背後には、従業員たちの支持、そして彼らのたゆまぬ努力と創意・工夫があった。西山は、当時の川崎製鉄の大半の従業員たちにとって「俺たちのオヤジ」であった。現場につねに出向いて現場の人々と触れ合うことを大切にした西山を、彼らはオヤジのように慕っていたのである。世銀も、それを評価していた。

彼らの努力とエネルギーは、財務諸表には載っていないが、川崎製鉄の大きな財産であった。その価値を西山は「従業員の創意と工夫のおかげで、株主の財産が2年間で800億円も増えた」と面白い説明を株主説明会でしたことがある。千葉の生産能力が当初計画の400万トンから600万トンに増えたことを報告したときである。

400万トンの生産能力を1600億円の投資で計画した、その半分の200万トンの生産能力増が従業員の創意と工夫でタダでできたのだから、それは当初予算の半分の800億円だけ株主の財産が増えたのと同じことだ、というのである。

経営側の懸命な資金調達の努力、そして従業員たちの創意と工夫の集積、その二つが揃ってはじめて、西山と川崎製鉄は険阻な道を走り抜けることができた。千葉製鉄所が一応の完成を見たのは1958年のことだったが、それは見事な大輪の花を咲かせたものとなっていた。千葉の成功によって大型臨海銑鋼一貫製鉄所の経済性の高さ（たとえば鉄鋼の生産コストの3割ダウン）が現実に証明されたのである。

その証明は、日本の鉄鋼業に臨海大型製鉄所新設のうねりを1961年頃からもたらし始めた。鉄鋼大手各社は雪崩を打つように、西山の軌跡を追い始め、一斉に大型設備投資を始めたのである。つまり、西山の跳躍が日本の鉄鋼業全体を発展させる引き金となり、ひいては1960年の池田内閣の所得倍増計画に始まる戦後日本経済の高度成長の第一幕となった。

その意味で西山は、日本の高度成長を引きずり出した男だったのである。

「踏み切る」ための哲学

西山の跳躍とは、戦後の混乱の中で、第一に溶鉱炉をもつ一貫製鉄所構想実現に踏み切ったこと、そして第二に多くの反対、とくに金融筋からの「無謀だ」という反対にもかかわらず、走り続けたこと、である。

本田宗一郎の大設備投資も、同じように無茶と業界筋にはいわれた。2人の跳躍へ「無謀」という批判が集中するにもかかわらず、なぜ2人は踏み切れたのか。共通の理由が、三つあるようだ。

第一に、発想の原点としての技術哲学、「技術の道理」である。西山の場合、高炉がない製鋼工場は熱エネルギーのロスがあるから、銑鋼一貫が技術的に望ましい。本田の場合、製品としてのオートバイの品質を部品の精度が決めるから、その精度を格段に上げられる工作機械が必要なのである。

そして第二の理由として、自社の都合のみならず、日本全体のことを最後には考える姿勢がある。「世の中の道理」に自分の跳躍は合致している、と思えるのである。西山の場合、戦後復興のための基礎素材としての鉄材の供給を日本が必要としている、重機械工業分野での貿易立国の基盤整備として鉄鋼業の国際競争力確保が重要、と考えている。本田の場合は、自分の会社が倒産しても国民の外貨はムダにならないという公の心があった。ともに、世の中の道理なのである。

さらに第三の理由として、挑戦の精神がある。いわば、人間の道理として、「やらざるを得ない」と思えるのである。西山は常日頃、「進まざるは退くに等し」といっていた。本田は工作機械の大量輸入にあたって、「(やるもやらないも)ともに危険である以上は、少しでも前進の可能性のある方を選ぶのが経営者として当然の責務」と考えた。本田の口癖は、「やってみもせんで、何がわかる」だった。

つまり、二人に共通するのは、技術の道理、世の中の道理、人間の道理、なのである。それは「哲学」と呼んでもいいものである。その哲学に照らして、自分は正しいことをやっているという感覚がある。それゆえに、大きなジャンプに踏み切ることができた。しかし当人たちにとっては、「踏み切った」という鋭敏な感覚は小さく、むしろ「困難はあるが当然にやるべきこと」と考えていたのかもしれない。いわば平然と踏み切っているのである。

すでに第2章でも書いたように、ここでいっている哲学とは難しい思弁的な観念などではなく、「自分よりはるかに大きなものに受け入れられる感覚」といってもいいように思う。その大きなものに受け入れられるかどうかの見極めの感覚を、多くの経営者が、「天命に問い掛ける」（花王の創業者・長瀬富郎）とか、「自然の理法に合っているか考える」（パナソニックの創業者・松下幸之助）と表現しているのである。

天命とか自然の理法と表現されているものは、世の中が動いている大きな原理、と言い換えられるだろう。この項でいう、技術の道理、世の中の道理、人間の道理のことである。その大きな原理がどのようなものであると自分は考えているか、というのがその人のもつ哲学である。その哲学に照らして、この跳躍はしていいものだ、と考えている。

哲学と金融合理性のはざま

こうして、傍から見れば「無謀」と思えるようなことでも自分にとっては「当然の道理」と考えられるのが、「踏み切る」ための哲学をもつことの一つの意義であろう。

2人の行動を「無謀」ととくに考えるのは、金融合理性を重んじる人たちであろう。資金調達で西山が難儀をし、本田もまたこの投資の負担と不況が重なって倒産の危機にも見舞われた。いずれも「カネが続かなくなる危険」という険阻な道である。そして、カネがどう続くかを念には念を入れて考えようとするのが、金融合理性の思考法であろう。

たしかに、金融合理性は企業にとっては不可欠である。しかし、2人は技術合理性を金融合理性に優先させた。金融合理性を無視したのではない。技術の道理、世の中の道理、人間の道理という哲学を背景に、金融合理性が欠けてしまうと破綻することを意識しつつも、最後の最後には技術合理性を優先させているのである。

もちろん最終的には、この二つの合理性がともに揃っていないと、現場は動かない。

技術合理性がなければ、いい製品はつくれない。金融合理性がなければ、キャッシュが続かない。だから両方の合理性がともに必要である。しかし西山も本田も、金融合理性はなんとか満たした上で、技術合理性をさらに優先して突き詰める。だから、彼らの跳躍は技術的な優位を長期に保てるものになるのである。よって、産業の競争の中でも長期的に生き残れるのである。

しかし、計画の細かい人はついついカネ勘定を優先させがちである。そうして金融合理性を優先すると、事業はちんまりとまとまってしまい、発展のポテンシャルは小さくなってしまう危険が大きい。こうして踏み切るための哲学と金融合理性の間には、はざまがある。そこに落ち込んでしまうとき、しばしば金融合理性という「わかりやすい」論理に、多くの人が引きずられる。

そのはざまを乗り越えてあえて跳躍につなげるためには、哲学が本物でなくてはならない。すべての決断の前にこのはざまが立ちはだかるとは限らないが、金融合理性だけに引きずられた「大過ない決断」ばかりをしていては、企業の成長は危ぶまれるであろう。

この章で事例にとっているような「社運を賭した」大投資でなくても、企業の新事業開発や新市場開拓などの「将来に向けての跳躍」の試みが、経理部の厳しい金融合理性のチェックに撃ち落とされることも案外とありそうだ。それは、経理部の責任というより、撃ち落とされる側の責任と考えるべきだろう。金融合理性との両立で説き伏せるだけの「哲学」をもたない、その哲学に沿った説得材料を用意できない、それがまずいというべきであろう。

「走り続ける」ための哲学

さて、すでにいったように、跳躍とは踏み切ることだけではない。ある方向に踏み切った後に、走り続ける実行プロセスが必要となる。それが跳躍の後半部分である。その「走り続ける」こと自体が、じつは迷いの中の動きであろう。その迷いを振り切りつつ、前へ前へと進むことである。さらに、迷いばかりでなく、想定外のことが起きて、そのゴタゴタの処理も必要になりそうだ。

そうして走り続けるのは、単に決断した経営者やリーダーだけではなく、その人が率いる組織もまた同じ方向に動き続ける必要がある。したがって、決断をし、かつ組織を率いる経営者やリーダーにとっては、二つの「走り続ける」ための哲学が必要になる。

一つは、自分に走り続ける必要があることを覚悟させる哲学である。自分自身を説得するための哲学であるといってもいい。それは、迷いの中をぶれずに走り続けるために、そしてエネルギーを自分で供給しながら走り続けるために、必要となるだろう。

そのための哲学として、「踏み切る」ための哲学がここでも意義をもつだろう。技術の哲学にせよ世間の道理にせよ、あるいは日本の産業への志にせよ、踏み切ったときの基本的信念は走り続けるためにも役立つのは、当然である。

しかし、迷いながらも日常的に走り続けるよう自分を説得するためには、もっと目立たない「継続をさせる」哲学も必要そうだ。西山の場合、彼の座右の銘でもあった「勤むるを以て拙を補う」という精神が、走り続けるために意義があったろう。地道な努力の継続をさせる哲学である。本田の場合、「やってみもせんで、何がわかる」ととかく挑戦をし続ける精神があったのも、走り続けるための哲学として意味が大きかったであろう。

個人の個性によって、何が日常的に困難に立ち向かい続けさせるか、異なってよい。しかし、継続と徹底につながるような哲学がなければ、跳躍後に走り続ける覚悟は生まれそうにない。

跳躍後に走り続けることを組織としてきちんと行なえるために必要な第二の哲学は、組織を走り続けるように説得する哲学である。走り続けるためのマネジメントを組織に納得させるための哲学、といってもよい。

もちろん、跳んだ後に走り続けるためのマネジメントは、通常のマネジメントと重なるところが多いだろう。ただ一つ違うとすれば、大きく跳ぶことが生み出す大きな揺れや想定外の事態が生み出すであろう「困難」に挑戦し続けるためのマネジメントがとくに必要になる、ということである。

ここでも、踏み切るための哲学がやはり意義をもつだろう。技術の道理に合っている、世の中の道理に合っている、と組織の人々が思えれば、困難があってもそれに立ち向かい続けることに納得しやすい。

しかし、困難に立ち向かい続ける組織には、もう一段上の刺激が必要なことも多そうだ。だから、組織に刺激を与えるマネジメントが必要となる。そのマネジメントのための哲学を経営者やリーダーがもっているかどうかで、組織が走り続けられるかどうかが左右される。つまり、組織に刺激を与える行動についての哲学をもっているかどうか、である。

そうした哲学として、西山と本田から二つの違った哲学を学ぶことができる。

西山の場合、彼が組織に刺激を与えようとするマネジメントはきわめてオーソドックスで、彼の「小さなことを大切にし、たゆまぬ努力の積み重ねを強調する哲学」が困難に向かい続けるマネジメントの背後の哲学として意味をもっている。その哲学の強調が、小さな刺激を組織に与え続けるのである。

西山の言葉に、こんなものがある。

「こんなことぐらいというような、ほんのわずかな改良なのだが、毎日毎日たゆまずやる。そのたびに少しずつ力が強くなる。それが積み重なって十年たったら能力が倍になっていたということだ。きわめて平凡な理屈だが、これは、ほとんど全部が従業員諸君の創意と工夫と努力によるものである」（『鉄づくり・会社づくり』１１２ページ）

トップがこう思ってくれている、と現場の人たちが信じることができれば、多少の困難にもたゆまない努力を傾注しようとする気になるだろう。そんな平凡に見える哲学が、じつはかなり重要なのである。

本田の場合は、もう少し大きな刺激を組織に与える哲学をもっていた。

「大自然というのはえらいもので、年に一度か二度、洪水を起こし、流れの石や岩をひっくり返して、ふだんは落ちなかった汚れまで洗い落としてくれる。……人間にも会社にも、洪水は必要なんですよ。洪水を起さなけりゃ、うちみたいな後発の会社はどうにもならなかった」(『人間の達人　本田宗一郎』169～170ページ)

組織にときどき洪水を起こして、それで組織を刺激し、走り続けるように仕向ける。そんな組織の経営の哲学を本田はもっていたようだ。

小さな哲学、大きな哲学

この章で跳躍と哲学を語るとき、私が実例に取り上げたのは西山であり本田であり、ともに社運を賭けたような巨大投資という「大きな跳躍」の例であった。わかりやすいからと思って取り上げたのだが、しかし、企業の世界では大きな跳躍だけが大切なのではない。小さな跳躍があちこちで正しく行なわれることの集積の効果も、また大きい。現実には、大きな跳躍も小さな跳躍も、ともに大切なのである。

大きな跳躍とは、組織のトップが行なう巨大な跳躍のことをイメージすればいい。小さな跳躍とは、組織の小さな単位の責任者たるリーダーたちが行なう跳躍である。後者の跳躍は、跳躍する本人にとっては相対的に大きな覚悟を要求する跳躍であっても、組織全体へのインパクトとして小さいので、「小さな」跳躍と呼ぶべきだろう。こうした小さな跳躍の集積が、じつは組織全体の進歩の質を決めている。だから、小さな跳躍が大切なのである。

したがって、跳躍の哲学としても、大きな哲学と小さな哲学と、両方あることになる。ここでいう小さな哲学とは、組織のあちこちのリーダーたちがそれぞれにもっている哲学を、トップがもつべき「大きな哲学」に対比した言葉だと思えばいい。組織の中の影響力や責任の大きさに応じて、哲学もまた大きな哲学と小さな哲学がある、ということである。

こうして責任やインパクトの大きさによって、大きな跳躍と小さな跳躍、大きな哲学と小さな哲学、と分けて考えたほうがわかりやすいのだが、跳躍への基本や跳躍に必要となる哲学のあり方については、基本構造は大きくても小さくてもあまり変わらない、と思っていいだろう。哲学がなければ跳ぶことができず、また走り続けることもできない、ということである。

さらに、小さな跳躍の機会を組織の小さな単位のリーダーたちがもつということは、彼らが小さな哲学をもつことを要請される機会がある、ということである。その機会の積み重ねから、大きな哲学をもつ人が育っていくのだろう。

したがって、組織の単位のリーダーたちは、まず小さな哲学を考えることから始めたらいい。そうして哲学を育む機会をもった人の中から、大きな哲学をもてる人が出てくる。大きな哲学が育まれる。その大きな哲学があってこそ、経営者として大きな跳躍・決断ができるようになるのである。

小さな哲学については、それが正しく組織の中で共有されていることの重要性をあらためて指摘しておきたい。同じような小さな哲学が共有されていれば、組織のあちこちでの跳躍の一つひとつがきちんと成功する可能性は高くなるし、またいくつかの小さな跳躍が相互に整合性のとれたものになる可能性は高くなる。その結果、組織全体で見ても、跳躍が正しく行なわれる可能性が高くなるだろう。

企業全体の経営理念の大切さが説かれることが多いが、その大切さの大きな理由はじつは、経営理念が組織内のあちこちの「小さな哲学」の共通の指導理念になるからである。

もちろん、経営理念はトップの哲学の原点としての意味が大きい。しかし、小さな哲学の共通基盤としての意味もあることを思うと、経営理念が企業内のあちこちの小さな跳躍、小さな決断を導く力に思い至るであろう。だからこそ、企業全体が前へ進む、挑戦を続けるために、経営理念の果たす役割は大きいのである。

第8章

哲学がもたらす、安定と奥行き

独断の根拠

この本で語っている「跳躍のための」哲学とは、独断の根拠といってもいい。跳躍するときとは、論理的検証も完全にはできていない（完全な検証などありえない）ことを承知の上で、あえて大きな動きをとり始めるときである。データによるエビデンス（証拠）も万人が納得するものなどまだない。論理の筋として、「これはありうる筋だ」とは説明できても、この論理の筋が唯一だ、といえるほどの論理的詰めもまだできていない。そんな状況で、跳ぶのである。いや、跳ばざるを得ないのである。

しかし、人はなんの「根拠」もなく跳躍することはできない。万人が認める論理やデータでなくてもいいから、何か根拠と自分が思える、自分を納得させられるものがなければ、跳躍には踏み切れないし、また踏み切った後で走り続ける覚悟はできない。**自分ひとりの独断だが、自分としては跳躍することを納得できる根拠が必要なのである。それが、独断の根拠である。**

私は、この深みのある言葉を、日本語ワープロの開発者として有名な森健一先生（元東芝）からお聞きした。研究開発の分岐点や行き詰まったときに、開発のリーダーに必要なものは何かを議論していたときである。論理やデータがまだ不十分でも、開発をどちらの方向へ進めるかについてプロジェクトメンバーの間でも意見が分かれていても、リーダーは決めなければならない。データが集まってから、などと悠長なことはいってはいられない。開発のデッドラインがあるし、開発チームがいつまでも迷って動けないのでは士気に関わるからである。

開発の話だから、そのときの独断の根拠の中には、部分的なデータや不完全ながらも用意された論理が、当然入っている。しかし、「それだけではダメだ」と森先生はいわれた。リーダーの「感性と教養、価値観のすべてに裏打ちされたものが必要だ」とおっしゃるのである。さすが大きな開発をなしとげられた方の言葉は重い、その通りだろう、とそのときに私は思った。その**「独断の根拠」が、私が経営の決断のための跳躍という行為で必要とされると考えた「哲学」と、本質的に同じ**ものなのである。

経営の世界でも、こんな例がある。技術の本田、営業の藤澤、と並び称されたホンダの共同創業者ともいえる藤澤武夫の、「海外進出はまずアメリカから」という独断の話である。

ホンダが小型バイクのスーパーカブで国内で爆発的なヒットを飛ばしていた頃、ホンダでは海外への市場展開が議論されていた。1960年前後のことである。

当時の一般的な日本企業の海外進出のパターンは、まず東南アジアへ、そこで成功した後に欧米へ、というのが普通だった。実際、アメリカへ派遣されることになる営業の担当者の事前調査レポートも、まず東南アジアへ進出し、その次はヨーロッパ、という結論だった。

データで見る限り、これは正しそうだった。当時アメリカには、オートバイ市場は年間6万台程度しかなかった。それも、ハーレーダビッドソンなどの大型オートバイの市場しかなかった。一方ヨーロッパには、年間300万台の市場があり、その内訳も小型オートバイが大きな部分を占めていた。東南アジアもまた、有望に見える市場であった。なんといっても日本に近いし、四輪車などは普及していなくてオートバイには交通の手段としての有望性もある。

しかし、藤澤の考えは違った。アメリカこそ年来のホンダの夢が実現できる主戦場だ、と彼は考えていた。なぜなら、その頃の世界の消費経済の動きはすべてアメリカを起点にしている。アメリカで需要を獲得できれば、その商品には世界的な将来性があるが、アメリカでダメな商品は国際商品にはなりえない。潜在市場の大きさと国際的な波及効果を考えれば、アメリカ市場の開拓が先決だ、というのである。

彼の「独断の根拠」は、世界の消費経済の動き方についての歴史観あるいは哲学だったのである。

結局ホンダは、アメリカへまず進出し、当初は大きな苦労をするものの、スーパーカブをレジャー用に使うという用途開発を目指して、釣り具店やスポーツ用品店といった異業種の販路開拓が行なわれた。また、オートバイの楽しさを伝える広告キャンペーンのアイデアを現場の人たちがひねり出した。その結果、ハーレーとはまったく異なった市場の創造に成功した。ホンダを世界企業にした、最初の跳躍であった。

藤澤の考えの基本は、おそらくシンプルだった。世の中の道理に合わなければ、大きな成功はない。道理に合っていれば、多少の挫折はあっても最後は成功できる可能性が十分にある。その道理が、哲学なのである。

哲学なきエセ跳躍の悲劇

世の中には、決断のために跳躍が必要だというと、「自分は跳躍しています」「それでは跳躍をしてみます」という人が出てきそうだ。しかし、**その多くは残念ながら哲学なきエセ跳躍に終わりそうである。**

哲学なきエセ跳躍には、三つの典型的パターンがある。

第一のパターンは、跳躍といってはいるが、ほどほどの成果が期待できるローリスクローリターンの決定にすぎない、というケース。そもそも、大した跳躍ではないが、大げさな言葉で語られる、一種の意識的なカモフラージュである。そうカモフラージュしたほうが「受けがいい」という思いがあるのだろう。

跳躍しているとじつは一種のウソをいっているのだが、使った大げさな言葉にこだわらなければ、そこそこの成果は出るだろうから、跳躍と繕っている本人への信頼は落ちるかもしれないが、害は少ない。

もっと害が大きいのは第二のエセ跳躍のパターンで、本人が言葉に酔って、ビジョンや理念と言葉だけは勇ましく、しかし内容があまりない決定、というケース。宙に浮いた流行り言葉の多い、中途半端な跳躍、といってもいいだろう。本人は跳躍をしているつもりになっているのが、困ったところである。新市場の開拓や新分野での買収で、案外こうした事例が多い。

第三のエセ跳躍は、跳躍に至るまでに重ねなければならない論理の詰めもあまりなく、ただ傲慢な跳躍。これも跳躍しているというために、哲学らしきもので繕っている危険が大きい。

第一のパターンから第三のパターンへと、成果は悪くなっていくだろう。とくに第三のパターンは失敗必至である。しかし、いずれのパターンも、跳んだ後に走り続けても、大きな成果にはつながらないことは共通している。それでも、跳躍と言い募って決断しているふりになっているのが、悲劇である。

なぜ、大きな成果につながらないか。その理由は一般的には次の三つのうちのいずれか、あるいはその組み合わせであろう。

まず第一の理由は、哲学がないのだから、世の中の道理に合っていない決定となっている危険が高い。それでは、社会から、市場から、あるいは従業員から、歓迎される可能性は小さい。また、走り続けていても周囲の誰かから助けの手が出てくる可能性も小さい。共感できる哲学のベースを欠いているからである。

成果が生まれない第二の理由は、実行開始後に走り続けるプロセスでのブレが大きくなる危険が高いことである。想定外のことが起きれば、そもそもの決定をすぐに疑って方針変更をしてしまう。まあまあ順調に推移していても、もっと大きく動くべきだったかと方針を変えてしまう。いずれも、決断のブレである。哲学がないから、ゆれ動く。本人の心の中のブレである。

エセ跳躍が成果につながらない第三の理由は、哲学がないために組織的努力のエネルギーが生まれにくいことである。すでに前章でも強調したように、跳んだ後に走り続けるプロセスは、経営者あるいはリーダーがひとりでやればいいことではない。組織全体が走り続けなければならない。それは、「組織的努力」の持続のプロセスである。その組織的努力のエネルギー供給源としても、哲学がかなり機能することがしばしばである。人はパンのみにて生くるにあらず、なのである。

したがって、哲学なきエセ跳躍では、人々の心が燃え立たない。心に火がつかない。だから、大きな成果につながりにくい。その上、走り始めた後に想定外の事態が起きたときの「踏ん張る力」も、組織として弱くなるだろう。「これで大丈夫か」、とリーダーのみならず組織の人々も動揺するからである。

もたらしてくれるものは、構想の奥行きと心の安定

こうして「哲学なきエセ跳躍」が現場で機能しない理由を考えてみると、逆に哲学をもつことの意義がより具体的に浮かび上がってくる。

哲学をもって踏み切る前の将来構想を考えている状況を頭に描いてみよう。その踏み切り前の「事前」の時点では、将来とるべき行動の中で、動き出し時点よりも遠い時期の行動についてはまだ具体的に描けていない部分があるだろう。事は複雑過ぎて、すべての手を読むのが不可能という将棋の棋士のようなものである。しかし、哲学をもって跳躍をしようとしている人にとって、まだ具体的に描けていない将来の行動の部分についても、ある程度の信頼をおくことができるだろう。

不確実な未来の中に飛び込んだとき、今はまだ具体的には見えていないのだが、市場など環境からのきちんとした反応が自分たちの行動に対して生まれ、自分たちの将来の行動もまた動いていく事態に合わせてきちんととれる。そんな可能性を、哲学があれば、あらかじめ信じることができる。

それは、哲学のもたらす構想の発展可能性あるいは拡がりへの信頼性とでも呼ぶべきものである。その拡がりの可能性をここでは、「構想の奥行き」という言葉で表現したい。世の中の道理、哲学に沿った行動をとっていくのだから、という理由で生まれる、発展可能性である。その奥行きへの信頼を哲学がもたらしてくれる。哲学がなければ、事前に考えた具体案で突き進むだけになるか、あるいはその場の出たとこ勝負になるかである。そこには、発展可能性はなく、奥行きは生まれない。

その奥行き感は、不確実な世界へと踏み切るためのプラスの材料になる。また、跳んだ後も走り続けられるエネルギーの源になる。平たくいえば、哲学がもたらしてくれる奥行きがありそうな構想だから、大丈夫だと思える、ということである。

さらに、こうした哲学ある構想の奥行きは、周囲からの理解を生み、必要なときに助けの手が周りから出てくる一つの要素にもなりそうだ。構想の奥行きが、大きな地図を感じさせ、また哲学が構想をわかりやすくもする。だから、救いの手が出てくるのである。

それが、じつは西山が臨海銑鋼一貫製鉄所という大きな構想へと跳躍したとき、官界の一部からも金融界の一部からも、支持が生まれ、救いの手が出てきた理由だったと思われる。

平たくいえば、正しいと理念的に思えることには、人がついてくる。具体的対応の論理もまた、後からついてくる、ということであろうか。

こうした奥行き感があるから、じつは跳躍に関わる人々の間に、心の安定が生まれやすくなるのだろう。これで大丈夫だ、と信頼できるという安定感である。その安定感は、跳躍を決断する経営者あるいはリーダーのためにも、彼についていく組織の人々にとっても、大切である。

まず決断する本人にとっては、心の安定があるからこそ、覚悟が定まり、大きく踏み切れる。ぶれずに走り続けられる。組織の人々にとっては、その安定感があるからこそ、大丈夫だといって組織としてまとまれる。そのまとまりから組織として動き続けるエネルギーが生まれる。

こうした心の安定は、哲学がもたらしてくれる構想の奥行きが必ずしもなくても、哲学をもって決断をした、ということだけからでも生まれることもあるだろう。哲学が、世間の道理が自分の側にはある、それをもとに自分は考えている、という安心感から生まれる心の安定である。

したがって、哲学のある跳躍ができると、まず第一に哲学をベースにしているということによる心の安定がもたらされ、その上に跳躍していく構想がもつ奥行きが哲学によってもたらされるというメリットも生まれることがある。

哲学を考えるということは、人間の、社会の、あるいは技術の本質を考えるということでもある。哲学とは、ものごとの、世間の本質を考え抜くことによって生まれる、基本的考え方である。以上に述べた「哲学がもたらしてくれるもの」についての議論は、そうした「本質を考え抜いた」ということがもたらしてくれるものという観点から整理すると、次のようにもいえそうだ。

本質を考え抜いたという安心感が生む心の安定、本質がさらに先へのつながりへと導いてくれるという奥行き、この二つが哲学によってもたらされるものである。

データよりも、哲学

哲学がもたらしてくれるもの、哲学が跳躍することに貢献しているものを前項のように考え、心の安定というような要因を指摘すると、データのほうが跳躍する人の心の安定に貢献するのではないか、という意見も出てきそうだ。データがあれば跳躍ができる、と主張する人もありそうだ。

しかし、私にはそう思えない。データは論理的検証のプロセスでは使い方を誤らなければかなりの意義をもつが、跳躍にはそれほど意味をもたない、と私は思う。

それには、基本的に二つの理由がある。

第一に、データは跳躍を迫られているような状況では、エビデンスとしての意味が小さいからである。過去の類似事例が少ないことをやるのが本当の跳躍であろうが、データはすべて過去の数字の集まりである。その過去のデータの動向から将来の動きを予測するということには貢献するかもしれないが、それは将来の動きが過去の動きと構造的に類似していると仮定してはじめて可能になる予測である。しかし、未知の将来へと不確実性を覚悟して跳躍する、というような状況では、将来の構造は過去と類似していると仮定できないことのほうが多いだろう。だから、データのエビデンスとしての役割は限られているのである。

もっとも、将来についてのアンケートというデータもあるではないか、という意見もあるかもしれない。しかし、そのアンケートは基本的にはじつは将来についての現在の人々の意見の集約にすぎない。そして、その意見は大半の場合、無意識のうちに過去の構造に規定されているものである。

過去の人間行動の計測値の集約としてのデータよりも、むしろ人間の行動の原理についての哲学、世間の道理についての哲学のほうが、人間の行動原理がそう簡単には変わらないという想定さえおければ、将来の世界のあり方を予想する材料としてより堅牢でありうる。だから、データというエビデンスに頼るより、哲学に頼るほうがよりたしかな跳躍になりそうだ。

データが跳躍にはそれほど意味をもたないと私が考える第二の理由は、データは人の心をふるわせることが少ないからである。人間は、データには共感しないが、魅力的な考え方には共感する。その共感のベースを与えてくれる可能性について、哲学はデータよりもかなり優れている。

つまり跳躍が、踏み切ることとその後の走り続けること、という人間の心理的安定を要求する二つのことで構成されいると考えると、それを助けるのはデータではなく、共感のベースとなりうる哲学であろう。

さらにいえば、データ依存がもたらす落とし穴もデータの跳躍での役割をあまり強調しないほうがいいと私が思う理由でもある。データは、数字で表現されているというだけで、妙な信頼感がある。将来の動きを生き生きと示してくれるものではないのに、データがあると「将来への鍵を見た」と多くの人が思い込みがちである。その思い込みが、将来がどうなるかを真剣に思考させる努力をゆるめる危険がある。それが、データ依存の一つの落とし穴である。

良識の哲学、不常識の哲学

哲学とは、世の中の真理、道理を突き詰めたもの。自分なりに納得できる形で、それをまとめたものである。その人の志を含む部分もあるだろう。そうした哲学にはさまざまなものがありうるが、この章で議論している「跳躍を助ける哲学」としてはどのようなものがありうるのだろうか。

いろいろな哲学が、その候補としてあがっていい。それこそ、人によって哲学が違うのは、当然である。その網羅的な議論はもちろんこの短い章ではできない。ここでは、かなり常識的に多くの人が「跳躍に意味をもつ」と考えそうな「良識の哲学」と、常識では必ずしもないという意味で「不」という字を常識の前につけた、「不常識の哲学」と、二つのタイプの哲学を考えてみよう。私の意図は、良識の哲学ばかりでなく、不常識の哲学もまた跳躍のためには大切だ、という論点を紹介することである。

良識の哲学とは、良識のある多くの人々が共通にもちそうな、深い思考を感じさせ、かつ跳躍の迷いを振り切るのに意味があるような哲学である。世の中の道理、社会に役に立つ、自然の理法にしたがう、といったような、この本で哲学の議論を始めた際に使った哲学のイメージはすべて、良識の哲学の例である。

社会に役に立つ、従業員たちを幸せにできる、大きなものに受け入れられる、私利私欲ではなく公共の利益にかなう。それが良識の哲学の典型例である。多くの人が納得しやすいという意味では、常識的な哲学ではある。

常識的だから大したことはない、とはとてもいえないだろう。言葉では納得しても、実行するのは難しい哲学ばかりだからである。その良識を、どこまで徹底的に信じ、かつどこまできちんと実行できるか、というところに良識の哲学が跳躍に役に立つかどうかの鍵がありそうだ。

他方、不常識の哲学とは、意外性のある哲学で、最初に聞いたときには「バカな」と思うけれど、よくよく内容を知ってみると「なるほど」と思えるような哲学である。不常識という言葉は、本田宗一郎が好んで使った言葉で、「非」常識のように常識に反するものではなく、ただみんなの常識にはなっていない、というほどの意味である。

この章では、二つの不常識の哲学を紹介したい。ともに跳躍には大きな意味があると私が思うものである。一つは、「美しいもの」を目指すという哲学。もう一つは、「神の隠す手」の原理を信じるという哲学。

のちのちくわしく説明するが、美しいものをあえて目指して跳躍をするという哲学の背後には、美しいものにはシンプルな論理が潜んでいる、という考えがある。神の隠す手の原理という哲学の背後には、神様が人間の目から隠しているものがあって、それゆえにじつは人間をして大きな企てに乗り出させ、かつそれが成功する論理を与えてくれている、という考えがある。

ともに、常識的な人智を超えた論理がじつはある、という哲学としての共通点がある。その未知の部分もある論理、自分にもすべてが見えているわけではない論理がじつは自分の行動を支えてくれる、成功に導いてくれると思えれば、最後の跳躍をやる気になるのである。

「美しいもの」を目指すという哲学

碁や将棋の名人は、「美しい形」になるような手を打ちたがるという。素人には一見して汚い形の手に見える場合でも、その先に隠れた美しさがある手、というのである。実際、棋士の羽生九段はこういう。

「美しい手を指す、美しさを目指すことが、結果として正しい手を指すことにつながると思う。正しい手を指すためにどうするかではなく、美しい手を指すことを目指せば、正しい手になるだろうと考えています」(『捨てる力』55〜56ページ)

そして彼は、「完全に無駄がなくならないと絶対に美しくはなりません」とも続ける。美しいものは、それだけムダがない。ムダのなさをもたらす論理が美しい形には潜んでいる、というわけである。そのムダがないというシンプルさが正しさをもたらす、という論理が美しい形の背後にはある。

多くの天才は、美しいものの背後にはシンプルな論理がある、と考えているようだ。そして、そのシンプルな論理がはたらくような状況をつくると、さまざまな成功が生まれる。ビジネスの世界の例でいえば、アップルの創業者であるスティーブ・ジョブズが、美しいものを目指すという哲学を色濃くもった人だった。

彼は、製品のデザインに美しさを求めたのは当然だが、それ以外に、使い手にとっての使い勝手、機械の内部設計、パッケージングの全体、などさまざまなことに「美しさ」を求めた。そもそも、ディスプレイに描かれる、あるいは紙にプリントアウトされるフォントに美的観点を持ち込んだのは、彼である。

彼が、ICチップを載せたプリント基板の設計も美しくなくてはならない、と部下を諭した話を読んだときには、「そこまで」と驚いた。「誰も基板などは見ない」という部下に、彼はこういった。

「優れた家具職人は、誰も見ないからとキャビネットの背面を粗悪な板で作ったりしない」（『スティーブ・ジョブズ　I』217ページ）

彼の美しいものへのこだわりが生んだ最大のヒット商品が、iPhoneであろう。それまでの携帯電話は、彼にいわせれば、使い方も見た目も機能も、醜かった。そこで、ガラス基板の表面をタッチするだけでインターネットにつながってさまざまな機能を発揮できる、いわば手のひらに載る電話機能付きのインターネット端末を、美しいデザインでつくったのである。

美しいものにはシンプルな論理が背後にある、という哲学を信じて、それまで携帯電話の世界には無縁だったアップルが大きな跳躍をした。その結果が、iPhoneの大成功なのであった。

なぜ、「美しいもの」の背後にあるシンプルな論理を目指すことがいいのか。それは、世の中がじつはシンプルな論理の積み重ねでできているからである。シンプルな論理の積み重ねが、じつは外見上は複雑に見える現実をつくりだしているだけなのである。だから、そのシンプルな論理に沿った行動は、現実の世界でも安定と奥行きの源泉になりうる。

天才はこうした哲学をもっている、と深く思わされた私自身の50年近く前の経験を、いまだに覚えている。場所は私が博士課程の学生であったカーネギー・メロン大学の教室。ノーベル経済学賞を受賞されたハーバート・サイモン先生の授業である。少人数のぜいたくな講義だった。ある日の授業で、「砂浜をアリが歩いた軌跡」の話が出た。ジグザグで複雑な軌跡が砂浜に残るが、それはアリの行動原理が複雑だということを意味するだろうか、というのがサイモン先生の問い掛けであった。ドイツ人の学生が、「複雑な行動原理でアリは動いているのではないか」とかなり気楽に発言した。サイモン先生は「どんな原理」とさらに問い掛けたが、学生はうまく答えられない。

そこで先生は、「じつは行動原理はシンプル」という仮説を説明し始めた。アリは、小さな障害が目の前に現れると、それを避けて方向を変える、というシンプルな原理だけで動いている。しかし、砂浜の小さな石は複雑な配置になっているので、それを避けるアリの軌跡は自然と複雑な絵になる。

ドイツ人学生が、よせばいいのに、「それでもアリが複雑な原理で動いている可能性も残っている」と言い募った。サイモン先生は湯気を立てんばかりに怒り始めた。科学者として間違っている。表面の複雑さの背後にシンプルな行動原理があると思えないのか、それを探すのが科学だ、と。

その怒りに、私は感じ入ったことを、昨日のことのように覚えている。そういう哲学があるからこそ、そのシンプルな原理を発見しようとするスタンスがあるからこそ、経済学のみならずコンピュータサイエンスやＡＩの分野でも偉大な業績を残せたのだろう、という感慨である。

シンプルな論理が、跳躍の背後で動いてくれる可能性があると信じて、つまりそういう哲学をもって、あえて跳躍する場合もあっていい。しかも、多くのシンプルな論理は跳躍をする今はまだ自分の目には見えていない。しかし、その未知の論理の部分も、「後からついてくる」。美しいものからは、そうしたシンプルな論理が湧き上がる。あるいは、美しいものは背後に多くのシンプルな論理を秘めている。そう思う哲学があれば、美しいものを目指しての跳躍は、十分にあっていいのである。

自分が論理のすべてをわかっていないことを了解した上で、しかし事後的には論理的でありたいと思えば、美しいものを大切にする哲学をよすがに跳躍することは、事前の論理をできる限りに詰めた上なら、十分あっていい。

神の隠す手という哲学

もう一つの不常識の哲学としてここで紹介したいのが、「神の隠す手」の存在を重視するという哲学である。

神の隠す手とは、大きな企てを試みようとする（つまり跳躍しようとしている）人間の目から神様が二つのものを隠している、その神の手である。二つのものとは、一つは企てに乗り出した後に起きる想定外の大きな障害、もう一つは人間の問題解決能力ポテンシャル。

その二つのものをともに神が人間の目から隠しているから、人間は想定外の障害を予想せずに企てに乗り出すことになる。しかし、その障害が実際に発生すると人間は自分たちにも意外なほどの問題解決能力を発揮して、結果として障害を乗り越えて、企ては初期の想定とは少し違った形にはなるが、成功する。

もし神が想定外の大きな障害を人間の目から隠さなければ、人間はそもそもその企てに乗り出さないだろう。リスクが大き過ぎるという常識的な判断になってしまうからである。しかし、神が人間の大きな問題解決能力ポテンシャルをも隠していなければ、事後的に人間が苦しみの中からポテンシャルを発見することもできず、ただ失敗するだけだろう。

「神の隠す手の原理」という論理は、著名な経済学者アルバート・ハーシュマンが*Development Projects Observed*と題した目立たない本で書いた原理である。彼は、世界銀行支援の多数の開発プロジェクトを世界各地で調査した結果、成功した開発プロジェクトの多くが、「想定外の困難にプロジェクト開始後にぶつかり、しかしそれを克服して事前の想定とは少し違う形で成功する」という共通のパターンをもっていることを発見した。

その典型例が、東パキスタン（当時、現バングラデシュ）のパルプ工場プロジェクトである。その地域に豊かにあった竹をパルプの繊維源として使う想定で始まったプロジェクトだったが、工場の建設の途中で、その地域の竹に花が咲き、竹林が全滅してしまった。何百年に一度といわれる、竹の花が咲くという想定外の大きな障害が起きたのである。

しかし、ここでプロジェクトは頓挫せず、工場の建設は継続された。この地域での植物繊維源の多様化と国内の別の地域からの麻などの繊維の輸送、という二つの手段でパルプ用の繊維材料を確保したのである。さらに、その輸送のためにつくられた交通網は、じつは麻繊維の輸送に役立つだけでなく、他の物資の輸送にも使えるインフラとなって、かえって当初の想定を超えた波及効果というメリットも発生した。

こうした「想定外の困難を乗り越えての、波及効果を伴った成功」を世界の各地で観察したハーシュマンは、これは決して単なる「ラッキーな結果オーライ」でなく、そこには原理がある、と考えた。それが、「神の隠す手の原理（Principle of Hiding

る手）に対比させた命名であろう。
Hand)」である。アダム・スミスの有名な"Principle of Invisible Hand"（神の見えざる手）に対比させた命名であろう。

その原理の概要は、こうである。

人間は起こりうる不具合や障害はある程度正確に想像する能力がある一方、問題が発生した際の自分たちの問題解決能力は過小評価してしまう傾向がある。だから、精緻な事前分析を要求すればするほど、ますます不具合や問題は洗い出されやすくなる。その上、想定外の大きな障害があることまで考えさせられると、企てはあまりに危険ということになって、人間はその企てに乗り出さなくなる。

しかし、神の隠す手は人間の問題解決能力の大きさをも隠していることがしばしばである。だから、想定外の困難な状況に立ち至った現場では思いもかけぬ人間の知恵と努力が出てくることが多いのである。それで結果的に、大きな企てに人間が「不用意に乗り出し」、だが結果として生まれる成功が社会を進歩させる。

頑迷固陋《がんめいころう》で保守的な面のかなりある人間の社会が進歩できてきたのは、一面では神の隠す手のおかげなのである。こうハーシュマンは考えた。

こうした哲学をもてる人は、決断のための跳躍にあえて挑むことができるようになる可能性が高い。そしてその跳躍の成功は、跳躍して始める企てそのものの成功という成果をもたらすだけでなく、問題解決能力や新しい現場のノウハウの蓄積という副次的成果をももたらす。その副次的成果は、さらなる未来への新しい資産ともなるのである。

日本企業こそ、神の隠す手の哲学を

都合のいい話に聞こえるかもしれない。しかし、前章で紹介した本田の跳躍も西山の跳躍も、同じような経緯をたどっている。想定外の困難に立ち向かう努力の中から生まれた設備、技術、人材、問題解決能力やノウハウなどは、当面のプロジェクトの成功につながったばかりでなく、ホンダや川崎製鉄の長い将来の発展の大きな礎になっていったのである。

この哲学は、バブル崩壊後の「失われた20年」で自信を失い、挑戦の少なくなってしまった日本企業にこそ大切な、「跳躍を支える」哲学だと私は思う。

日本企業は、大企業も中小企業も、自己資本比率がこの20年ほど高まるばかりで、内部留保を積み上げ続けている。ちなみに、日本の法人企業全体の自己資本比率は、銀行大再編が起きた1998年には19・2％だったものが、その後はうなぎ登りに一貫して上昇を続け、ついに2018年には42・0％にもなってしまった。日本中の企業の平均自己資本比率がトヨタのそれに近くなっているのである（くわしくは、拙著『平成の経営』を参照）。

こうして資金はありながらも、日本企業は投資には慎重であり続けている。その結果、利益と投資の比率で見てみても、利益に比して投資過小という傾向が明瞭に生まれている。これほど投資という跳躍を長い期間にわたって避け続けると、投資すること自体への感性が組織から失われてしまう危険があるし、投資した後のさまざまなトラブルの処理能力も蓄積されなくなる。望ましいことだとは、とても思えない。

もちろん、目の前に見えている障害の大きさとさらに見えないリスクを考えると、つい躊躇するのが人情ではあろう。しかし、神の隠す手の哲学を考えてほしい。大きな企てや変革は、必ず障害にぶつかるだろう。しかし、とにかく動き出すと、何かが見えてくる。何かが動く。さらに、動けば神の隠す手が出てくる。

その隠す手が事後的に人間に見せてくれるのは、すでに述べたような「美しいものの背後のシンプルな論理」であることも多いだろう。人間の懸命な努力へのご褒美として、神様が下さる贈り物といってもいいかもしれない。しかしそのご褒美は、跳躍した人間にだけ恵まれるものである。哲学をもってあえて跳ぶ人だけに、もたらされるものである。

哲学がないから、大きな決断ができない。それが最近の日本企業の大きな弱点の一つのようだ。投資の検証作業の精緻化をロジカルシンキングでやるだけでは、間尺に合いそうにない。哲学をもって跳躍することの重要性を、神の隠す手の原理は説いている。

第9章

定型思考から、「バカな」と「なるほど」へ

定型的論理思考の限界

私はこの本で、直感、論理、哲学、この三つのすべてが大切であることを強調してきた。そして、その中でも論理がもっとも重要であることも繰り返し述べてきた。その基本的理由は、「現実が論理的」だからである。

もっとも私はこの本の序章で、論理思考をベースとする定型的枠組みの落とし穴も指摘して、経営での決断に至るためにはそれを超えてさらに大きく視野を拡げる必要性を強調した。それが、直感や哲学への視野拡大で、この本の主題だった。しかし私は、こうした定型的な枠組みを使うことに価値がないとはまったく思っていない。序章で書いたことをあえて繰り返せば、

「定型思考の枠組みは、経営での論理的思考への入り口として、あっていい。入り口に入らないよりは、入ったほうがいいのである。論理思考の第一ステップとして、あるいはトレーニングプロセスとしては、大切だろう」

ということである。

そして、序章で警告した定型思考の落とし穴のポイントは、定型的枠組みを当てはめることが不思議に生み出す一種の安心感である。それゆえに、論理思考の第一ステップのはずがかえって、さらなる論理の掘り下げを妨げる壁に「意図せざる結果」としてなってしまうことだった。

ただ、もう一つ、定型的論理思考にしばしば見られる限界があるので、それを指摘しておこう。そして、そうした限界を乗り越えるための思考のスタンスの一つの候補として、「バカな」と「なるほど」、というスタンスを次項以降で紹介したい。

その限界とは、定型的論理思考で使われる論理がしばしば、経済の論理中心であり過ぎることである。私は第5章でこう書いた。

「どんな経営行動の発想について論理的検証をする際でも、カネの論理（つまり経済の論理）、情報の論理（つまり学習の論理）、ヒトの論理（つまり感情の論理）、という三つの論理の観点を総合的に考えての検証をしなければならない」

しかし、ついつい、カネの論理が中心になり、あげくには学習や感情への影響が無視されかねない。それが、定型的論理思考の限界の一つである。もちろん、経済活動が企業の基本だから、経済の論理の「重視」は必要である。ただ、学習の論理と感情の論理に向けられる視線が過小になるのが、こわい。

例をあげて説明しよう。昔、ある有名な経営者の方とゴルフをしたときに、うまいことをその方がおっしゃった。「アプローチと設備投資は、前から小さく」。ゴルフでグリーンに乗せるためのショットをアプローチショットというが、そのショットでボールをグリーンの奥に外すと、下りのパットが残ることになり、難しくなる。だから、前のほうから、小さめに攻めるのが正解。設備投資も、前々から計画をつくり、小さめの規模の投資にするのがベスト、というのである。

投資の場合、事前にきちんと計画をつくる必要性はすぐに理解できるが、なぜ小さめの規模がいいのか。この経営者以外にも、他の経営者の言葉として、「工場はわざと小さめにつくるんだ」という言葉を聞いたことがある。

もちろん、経済の論理のリスク管理として、過大な投資がもたらす固定費負担を防ぎたいという論理はわかる。しかし、「小さめ」にはそれ以上の意味がある。一つは、投資を提案する現場の心理である。投資に夢をふくらませ、現場はついつい大きな提案をしてしまう。その正当性の根拠として、さまざまな需要予測を並べ立てる。しかし、需要予測は少し前提を変えればある程度の範囲で数字をいじれる。だから、小さめの予測に合わせるほうが、現場の心理の論理を考えると、実態として正確になる。

さらにいえば、小さめの投資にすると、工場がフル回転する可能性が高い。そのとき、フル回転からさらに設計能力のフル以上の操業をするために現場がさまざまな工夫をするようになる。それは、現場が効率向上の手段を学習するいい圧力となる。学習の論理である。

さらに、大きな投資をして需要が足りずにヒマな工場となるのと、小さな投資で忙しい工場が生まれるのと、現場の人々の心理にどんな影響が出るだろうか。忙しいほうが元気が出るに決まっている。みんなが前向きになるだろう。その上、大きな投資で余剰生産能力が出てしまうと、その余剰を満たそうと営業が利益のうすい製品の注文をかき集める心理となる。そうして生産能力が埋まった後に、本来の製品の需要が増加してきても、それを供給する能力は残っておらず（利益がうすい製品でもお客さんとの関係を考えれば、むやみに切れない）、結果として非効率な工場運営がしばらくは続く。

こうして、「小さめな規模の投資が最適」という一見意外に見える仮説は、経済の論理だけでは支持しにくいが、学習の論理や感情の論理を考えると、最適になりうるのである。

「バカな」と「なるほど」

この「小さめの設備投資」の話は、この項で説明しようとする、「バカな」と「なるほど」の一つの例である。需要予測通りの規模の投資を考える普通の発想からすると「バカな」と思える仮説が、経済・学習・心理の三つの論理を総合して考えると、「なるほど」となるのである。

『「バカな」と「なるほど」』とは、私の畏友である神戸大学名誉教授の吉原英樹さんの本のユニークなタイトルである。1988年に出版された本だが、四半世紀もたった2014年に（PHP研究所から）復刻出版されたという珍しい歴史をもつ、いい本である。

この本での吉原さんの主張は、いい経営、いい経営戦略の特徴は、聞いた瞬間には「バカな」と感じるような要素がその内容に含まれていて、しかしきちんと説明を受けると「なるほど」と思えることだ、というものである。「こんなタイトルにしたいが、学者としてよくないだろうか」と吉原さんから意見を聞かせてほしいと電話があったときのことを、よく覚えている。30年以上も前の話である。

私は即座に賛成した。そして、今あらためて、「バカな」という第一印象が象徴する意外性と「なるほど」という言葉が含意する論理性（合理性）、その二つの組み合わせはさまざまな分野で大切だ、と思っている。

たとえば、ある機械部品メーカー（A社と呼ぼう）が顧客の特注に絶対にノーといわないという戦略を実行している。普通は特注というと、扱いが面倒過ぎて見積もるときわめて高コストになるものがあるので、「すべての特注にイエス」とはいいにくいのが常識である。それをこの企業では、すべてにイエスとまず反応するという意外な（バカなと見える）戦略をとっている。その後でさまざまに工夫をしたり交渉をしたりすればいいと考えている。しかし、顧客からは「どんな困りごとをもっていっても対応してくれる」と評判がよく、結果としてA社は異例なほどの高利益率の部品メーカーになっている。「評判がよく」というところに「なるほどの論理」のミソがあるが、それについては後でよりくわしく触れよう。

この本で主題としてきた、直感、論理、哲学の間の関係について、あるいはしばしば取り上げてきたデータの意義についても、「バカな」と「なるほど」の組み合わせは大切だと、私は思う。たとえば、バカなと聞こえる直感となるほどという論理の組み合わせ、である。

この組み合わせの大切さの背後には、「バカな」と多くの人が思ってしまうことの背後にじつは意外な真実、意外な論理がきちんとある、という世の中の本質がある。人間の知恵がそれほど完全なものではないことを認めて、発想をもっと常識的でないものに飛ばすほうが、限界の多い人間にとってはよほど健康なスタンスだ、という私の思いがある。

もちろん世の中には、「なるほど」のない「バカな」、つまり聞いた瞬間にバカなと思い、よく聞いてもやはりバカな、ということもじつは多い。だから、「なるほど」の論理を求めることとの組み合わせが、それだけ重要なのである。

「バカな」と聞こえる直感と「なるほど」の論理

先にあげた機械部品メーカーの例で、このバカなとも思える「特注にノーといわない」という戦略は、この業界のプロであり続けた会長が長い経験から編み出した方針だそうだ。彼は自分の長い営業経験の中で、特注を持ち込む顧客の多くが、その後もいい顧客であり続け、しかもその特注品に似たニーズが他社からも生まれることがあって、結局はその製品は定番の品揃えの一部になっていく例が案外ある、という現実を見ていたのであろう。

その現実を見て、「特注にノーといわないと、結局はビジネスは拡大していく」という仮説を直感的に思いついたのだと思われる。もちろん、そうして生まれた直感的な仮説は、ただそれだけを聞くと「バカな」と聞こえる。特注品の納入に必要な生産コストや納入の手間だけを考えれば、そうなってしまう。

しかし、この直感的仮説には、論理的裏づけをつくりうる、それが成功するという論理をつくれる、と彼は思っただろう。それは、以下のようなものだろう。

この会社の機械部品は、工場の自動化や省力化のための機器の要の部分になる部品類である。だから、その自動化あるいは省力化機器が工場の中で設置されている状況に応じて、じつに多種多様なニーズが顧客の側に発生する。そのニーズに応えてくれないか、とこの会社に顧客は相談する。特注でなんとかできないか、という相談である。特注の要請の背後にあるのは、現在の製品では満たされていない顧客の潜在ニーズである。

だから、相談に来るということは、顧客の側から積極的に潜在ニーズの情報を教えてくれる、ということである。自分からニーズの聞き込みに行く手間と比べれば、とても情報効率がいい。しかも、顧客がまずA社に相談するということは、A社が多数の顧客の潜在ニーズの情報を競争相手に先がけて手に入れられる立場になる、ということでもある。

この情報効率が、「評判がいい」ということのメリットのミソである。ただ、さらにメリットが生まれうる。まず第一に特注品の納入が生み出す利益である。特注だから、価格競争が起きにくい。そして第二に、別の顧客からも似たような注文が来れば、その特注品は将来の標準品の候補となる。その候補を、待ち伏せのように他社に先がけてもてるというメリットである。もちろん、こうしたメリットの裏側に、当然コストの問題はある。ここでは書かないが、特注コストを下げる工夫もA社はしているからこそ、高い利益率を維持できている。

この事例は、「バカな」と感じる直感的仮説、「なるほど」と思える成功の論理、その二つが見事に揃っている。それゆえに、ユニークな戦略として戦略的有効性が高い。バカなと見えるような直感的仮説も排除しないから、面白い発想が生まれる。「バカな」とつい常識的には感じてしまう仮説を考えつくということは、現場情報に目を配り、現場想像力をフルにはたらかせて懸命に面白い仮説を探そうとする人だけに可能になることだろう。

しかし一方で単なる奇妙な思いつきにすぎない仮説を退けるために、「なるほど」の論理を求めるというスタンスもきちんともつ。「なるほど」の論理を必ず求めるということは、戦略を考える人に論理構築力を求めるということである。ああでもない、こうでもない、とさんざんに考え抜いて、その仮説が論理的に成立するように、仮説を育てて論理構築をできる力が重要となる。

つまり、仮説創造と論理構築、その両方の組み合わせが「バカな」仮説と「なるほど」の論理の組み合わせの本質である。A社のトップは、そうした仮説創造力に優れ、そしてその仮説の正しさについての論理構築力にも優れていた。

この例のみならず、名戦略家は仮説創造と論理構築の達人である。目のつけ所のいい直感ときちんとした論理構築の両方に優れた人である。名戦略家としては、当然でもあろう。平凡な直感的仮説に常識的な論理、では優れた戦略にはとてもなりそうにない。

「バカな」と感じる哲学と「なるほど」の論理

「バカな」と「なるほど」の関係は、哲学と論理の間にもある。

前章で不常識の哲学として紹介したものが、その典型例である。例としてあげた「美しいものを目指す」という哲学も、「神の隠す手を信じる」という哲学も、はじめて聞いたときには「バカな」と多くの人が感じそうな哲学である。そんな甘っちょろいことで、厳しい現実の世界での跳躍ができるのか、と。

しかし、その哲学の内容をくわしく聞いてみると、「なるほどそれならありうる」と思えるような哲学でもある。少なくともこの本の読者には、かなりの説得力、それも論理的にありうると思える説得力があったことを、著者としては期待している。

たとえば、「美しいものを目指す」という哲学の場合、美しいものの背後には、シンプルな論理があり、そのシンプルな論理が現実での実行の際の助けや指針になってくれる、というメリットが生まれる。だから美しいものを目指すという哲学は、跳躍の基盤たりうるという論理が成立するのである。

「バカな」哲学には、じつは「バカな」と思われがちであるゆえの、効用もある。それは、「バカな」と最初は多くの人が思いそうだから、そうした哲学のもとの跳躍には、競合相手は「まさか」と思ったり、「こりゃ失敗する」と思ったりしやすい、という効用である。だから、反撃も反応も鈍くなる。それが、「バカな」哲学がもたらすメリットの一つの側面である。

そして、意外性のある論理が背後にあるから、その論理のおかげで跳躍後の現実の打ち手が成功しやすい。しかし成功し始めると、余計に相手の動揺を誘う、あるいは相手がますます混乱する可能性が高い。相手がすぐには理解できない現実の推移になりやすいからである。

その効用がわかりやすい「不常識の哲学」の一つの例が、戦略の古典として有名な『孫子』にある、戦いをどういう作戦で戦うべきかという基本方針、あるいは哲学である。孫子は、

「戦いは、正を以て合い、奇を以て勝つ」

という。

正とは、正統的で定石通りの戦略であり、奇とは意外性をもった戦略のこと。孫子は、「戦略の基本は正、そこへ奇を加えると勝てる」といっているのである。つまり、奇正の組み合わせが大きな成果のもとであり、そしてここが大切なのだが、正がまずあって、その上に奇が加わると勝てる、と戦略の優先順位も孫子はいっている。言い換えれば、正がなくて奇ばかりでは勝てない。そして、正だけでも勝てない。

正の戦略で「合う」と孫子がいう状況の典型的イメージは、戦場で定石にしたがった布陣で四つに組む、というものであろう。しかし、その四つに組む状態だけだと、敵との戦力の差がきわめて大きくない限り、はげしいぶつかり合いがあちこちで起こることになり、消耗戦になる。そうなったら、明確な勝ちをとるのは難しい。しかし、そこで奇襲作戦が加わると、戦況が一気に変わって、勝ちがとれる。

企業の競争戦略でも同じであろう。競争相手と似たような製品ライン、似たようなサービス、類似の価格で競争を挑んでも、消耗戦になるだけである。そこに何かの

「奇」が加わると、競争の状況が一気に変わって、多くの顧客を勝ち取ることができそうだ。

再び先にあげたA社の例を使えば、正とはきちんと製品ラインを整えて、多くの顕在ニーズに対応できるように徹底的に準備し、きちんとしたサービスもすること。正攻法である。奇は、特注にノーといわない、という戦略である。他にも、まだ奇がありうるかもしれないが、少なくともこの「奇」をA社は採用した。

ここまで、「バカな」と感じる哲学が成功をもたらすために必要となる「なるほど」の論理として、その意外性のある哲学自体が機能しうるということを述べてきた。しかし、さらにもう一段の「なるほど」の論理も必要である。それは、第2章で哲学と論理の関係を紹介した最後の項で述べた、「論理の堅牢さが哲学を支える」という部分に登場する「論理」である。

そこで私は、哲学をもった跳躍が成功するのは、跳躍の前に堅牢な論理の積み上げのプロセスがあるからだ、と強調した。それは、使われる哲学が良識の哲学であれ、不常識の哲学であれ、それに関係なく必要となる論理的積み上げである。行動案の背後の「なるほど」の論理、といっていい。

論理的な検証をきちんと行なった上で、それだけではまだ実行へと踏み切れないときに、跳躍の哲学が必要となる。いいかげんな論理的積み上げのあげくに跳躍だけをしても、「なるほど」という論理を行動案がかなり含んでいないと、人々はついてこないし、想定外の対応もうまくいかないだろう。それはとりもなおさず、行動案そのものについての「なるほど」という論理がなければ、哲学をもっての跳躍でも成功はしない、ということである。

こうして、「バカな」と感じる哲学の背後には、二重の「なるほど」の論理がなければならないことになる。一つは哲学そのものの機能についての「なるほど」の論理、もう一つは跳躍する際の行動案についての「なるほど」の論理である。ハードルは高いが、それを乗り越えたときの成果も大きいであろう。

「バカな」と見えるデータから、「なるほど」という論理を

「バカな」と見えるものと「なるほど」という論理の組み合わせ、それが優れた経営につながる可能性が高いというのは、直感や哲学と論理の間にだけいえることではない。経営での判断・決定に重要な要素である「データ」と論理の間の関係について

もいえる、と私は思う。

つまり、この項の小見出しにしたように、**「バカな」と見えるデータから、「なるほど」という論理を引き出せる**と、それは有効性の高い経営行動につながる可能性が高い、ということである。「バカな」という表現がきつ過ぎると読者が感じられるのなら、**「アレッと思うデータ」**、という表現でもいい。要するに意外性のあるデータ、ということである。

たとえば、今まではほとんど販売実績のない地域や国あるいは顧客層で、突然ある程度の規模の売上が記録された、というデータ。それを見て、何かこれまでとは違う需要顕在化のメカニズムがそのデータの背後で動き出しているのではないか、と考える。あるいは、自社とは違う産業で「変なもの」が売れているというデータを見て、似たようなことが自分の市場でもありえないかと考え始める。

もちろん、「バカな」データは単なる偶然という可能性もあるが、こうしたところにいい経営者は目をつけるのである。データという数字を強調し過ぎずに、エビデンス（証拠）と言い換えてもいい。数字にはなっていないが、観察というエビデンスでもいいのである。たとえば、まさかというような顧客の行動を観察した、というエビデンスである。

「バカな」と見えるデータの貢献は、新しいユニークな仮説をひねり出すように直感を刺激することである。その刺激のおかげで、一見するとバカなと思えるような直感的仮説が誕生する。

そこには、二つのパターンがありそうだ。一つは、「バカな」と見えるデータが、連想やアナロジーを介して直感を刺激し、仮説を発想させる。あの場合にこんな「バカな」データがあるのなら、似ている別な状況でも同じようなデータがありうるのではないか、というわけである。異常値が直感をストレートに刺激する、といってもいい。だから、「バカな」という度合いが強いデータのほうが、刺激が強いだろう。

直感刺激の第二のパターンは、仮にバカなと思えるデータがかなり普遍的に正しいと仮定してみると、そのデータの背後にどんな論理メカニズムが動いていなければならないか、と「論理のつじつま探し」を考えるパターンである。そのつじつま探しの思考プロセスが直感を刺激し、面白い仮説を発想させる。

どちらのパターンをとるにせよ、「バカな」と見えるデータが面白い仮説を発想させたら、そこから先はこの章で述べた、「バカな」と聞こえる直感的仮説と「なるほど」の論理の組み合わせの話に続く。その仮説がきちんと成立する、と説明できる論理を構築できれば、それが「なるほど」という論理となって、ユニークな戦略になっていくのである。

つまり、「新しい論理的根拠」「なるほどの論理」をきちんとつくれるかどうかが、本当の鍵である。論理構築が伴わなければ、「バカな」と見えるデータの価値は小さい。

当たり前のデータとビッグデータの落とし穴

バカなと見えるデータの対極は、当たり前の事実をたんたんと記録したデータ、この項の小見出しにした「当たり前のデータ」であろう。じつは前項を書いた私の目的は、「バカな」と見えるデータの価値の強調ばかりではなく、「当たり前のデータを使った定型的分析」に対して警告するための布石でもあった。

当たり前のデータは、誰かが集めたものとして、日常の業務の積み重なりの中から、あちこちで生まれているだろう。会社の中の経理データだったり、販売データだったり、あるいは官庁の公表データである。

そうしたデータがあり、それを定型的に分析する統計分析ツールも、やさしいツールから高度なツールまで、さまざまに利用可能である。そこに落とし穴がある。

データがあり、分析ツールがあると、その分析ツールを使った定型的分析を誰しもがやりたがる。容易にできるからである。そしてその「容易さ」は、「安易さ」と紙一重である。その安易さのゆえに、あまり意味のない、しかしもっともらしい分析結果の表がついた定型的分析が生まれてしまう。しかし、そんな分析からはユニークな仮説も生まれにくいだろうし、ましてや「なるほど」というような論理はもっと生まれにくいだろう。

当たり前のデータは、当たり前の仮説しか生んでくれないだろう。また、そんなデータに無意識に依存すると、そのデータのある範囲にしか発想が拡がらなくなってしまう。データが発想の壁になるのである。しかも、分析のもっともらしさが、いかにも分析されている仮説の価値やもっともらしさを担保してくれるような錯覚も生まれそうだ。パソコンとデータベースの普及が、安易なデータ分析に拍車をかけている。

この危険がもっと大きくなるのは、集められたデータがビッグデータと呼ばれる大量データベースである場合である。データ量の大量さが、あたかもデータが意味することの価値の大きさにつながっているような錯覚が生まれる。

たしかに、ある仮説が大量のデータに支持されているのなら、少量のデータにしか支持されていない場合よりも安心ではあろう。しかし、そこには「論理なきビッグデータ」の危険がある。

多くのビッグデータ分析の共通の特徴は、ビッグデータをさまざまな分析手法やAIを使って分析すると思いもかけない傾向を発見できる、というメリットである。つまり、人間の事前の論理的予想を飛び越えた仮説がビッグデータによって示唆される、という価値である。

それはある意味で、私が先に述べた「バカな」という直感的仮説が生まれる一つの事例である。私がそこで述べたのは、人間の直感が何かの刺激で「バカな」という仮説を生み出す状況だが、AIやビッグデータ分析が「バカな」という仮説を生み出す端緒になるのなら、それは歓迎すべきことであろう。

しかし、ビッグデータがもっている危険は、その先に必要となるはずの「なるほど」という論理の構築を厳しく要求しなくなる危険である。誰もがそうなるわけではないが、ビッグデータがあるという安心感が安易さを生んで、本当は必要なはずの論理構築も十分にせずに、ビッグデータが示唆する仮説そのままにしたがった行動をとることを、おかしいと思わなくなるのである。

それは、論理的バックアップのないデータは悲しい、と表現すべきことだろう。悲しいだけでなく、危険なのである。論理なき行動、論理なき跳躍をしてしまう。なぜその仮説が正しいかの論理を構築もせずに行動をとるのなら、そんな行動は、「データと機械に使われる人間になっている」、ということと同義である。

だから、ビッグデータを有効に使うための一つの大きな鍵は、「バカな」と「なるほど」である。ビッグデータが生んでくれるかもしれない「バカな」という仮説とその背後の「なるほど」という論理の組み合わせが大切なのである。

愚者は経験に学び、賢者は歴史に学ぶ

この項の小見出しにした文章は、鉄血宰相と呼ばれた19世紀プロシアの政治家・ビスマルクの名言として有名である。もっとも、本人自身のオリジナルでは「賢者は歴史に学ぶ」とは書かれていないそうで、他人の経験から学ぶのを自分は好む、といっているそうである。

過去の多くの他人の経験を、時代の流れとして記述するのが歴史である。自分の狭い経験にだけ学ぶよりも、幅広い歴史の中に教訓を求めるほうが、それはより有効であろう。ただ、自分の経験は、とくに失敗の経験は、心に沁みる度合いが他人事よ

りもはるかに深いだろうから、それなりに意味が大きいのはたしかだが。

歴史に学ぶというとき、二つの学び方がある。一つは、歴史を事例集としてとらえ、自分が決断をしなければならないときに、何か類似事例はないかと探すという学び方である。料理でいえば、レシピ集から今晩の夕ご飯を決める、というようなものである。

もう一つの学び方は、歴史の流れの中で起きたできごとがどのような論理メカニズムで起きたか、を考えようとする、という学び方である。その論理を自分が直面している状況に当てはめたら、どんな行動が適切かが浮かび上がるだろう、と期待する学び方である。料理でいえば、なぜこの材料を組み合わせ、この手順で料理していくとおいしくなるかの理屈を学ぶのである。

第一の学び方は、行動を真似る。第二の学び方は、論理を考える。どちらが望ましいか、自明であろう。優れた料理人は、なぜをつき詰めた人なのである。だから、ユニークなレシピを思いつく。

ではなぜ、ビスマルクの言葉が「バカな」と「なるほど」の組み合わせの重要性を説くこの章に関係があるのか。

それは、歴史が大きく変わるときには「バカな」と思えるようなできごとが起き、そのインパクトでその後の連鎖反応が思いもかけない方向へと転がることが多いからである。その「バカな」から連鎖反応がなぜ起きるのか、その背後の「なるほど」の論理メカニズムを考えることが、歴史から賢者が学ぶときの望ましい学び方だ、と私は思う。

いや、もっといえば、歴史は大小さまざまな「バカな」に満ちている。その多くが、「バカな」ばかりで学ぶべき「なるほど」がないのだが、しかし「なるほど」の論理を背後にもっている「バカな」もまた多い。その「なるほど」と思えるストーリーを人々が紡ぎ出すからこそ、長く語り伝えられる。

たとえば、武家出身でないにもかかわらず日本全国を統一する権力者となった豊臣秀吉。秀吉の権力掌握のアシストになってしまった本能寺の変で織田信長を滅ぼした明智光秀。パリのコミューンの蜂起からフランス革命という絶対王政転覆の人民革命を成功させたパリ市民。そしてその革命がいったん成功するや否や、ただちに革命を成功させた人たちの間の仲間割れから粛清が始まり、その混乱の中から帝政という革命の論理とは正反対の体制をフランスに一時期もたらした地中海の小島・コルシカ出身の軍人ナポレオン。江戸・京都から遠く離れた薩摩の下級武士、西郷隆盛と大久保利通が実権を握った明治維新。そして、西郷と大久保が戦った西南の役。

こうして少し例をあげただけでも、歴史は「バカな」というドラマに満ちていることがわかるだろう。だから、面白い。さまざまな「バカな」がどういう展開で「なるほど」になっていくか、それを歴史が見せてくれる。つまり、「バカな」ということが起きたとき、なぜその「バカな」が起きたか、その後でどんな「なるほど」の論理が成立していくか、それを見せてくれているのが歴史なのである。

もっとも、歴史には当たり前の時間の流れが圧倒的に多い。そこからの学びももちろんある。しかし、「バカな」という時間の流れの異常値がもたらす学びのほうが、インパクトがありそうだ。新しい論理のメカニズムを学ぶという点では、望ましいのである。

歴史から論理を学ぶ、というとき、その学びの具体的やり方は、さまざまでいい。歴史上の事象から論理的なメカニズムをある程度抽象化した「歴史の論理」を書いた本から学ぶのもいいだろうし、あるいは具体的な歴史事象の記述中心の本を、自分で論理をつくるつもりで読むのもいいだろう。

毛沢東が中国共産党の中での権力闘争であった文化大革命を仕掛けたとき、彼がベッドの横につねに置いていたのが『三国志演義』だったという。2世紀、3世紀の中国での、魏・呉・蜀の三国の興亡と曹操、孫堅、劉備、孔明などの絡み合いを小説として描いた古典である。

本田宗一郎は、あまり本を読む人ではなかったが、書き講談の叢書として知られる大正時代の「立川文庫」の愛読者だったそうだ。猿飛佐助、などが彼の好みだったのだろうか。

小説や講談で描かれた人物たちの動きと心理から、毛沢東も本田宗一郎も、さまざまな論理を自分で考えていたのであろう。それが、現場感覚を間接的にせよ感じながら「なるほど」の論理を考える、効果的な方法の一つであろう。

終章

直感を磨く、論理を鍛える、哲学を育む

レベルを上げるための、磨く、鍛える、育む

直感の意義を語り、論理の大切さを強調し、哲学の必要性を説く。

それがこの本の内容だったのだが、いくつかの私の提案に対して「そんな難しいことを要求するな。自分は天才ではない」と思われた読者もおられたかもしれない。

もちろん、全部が簡単にできるとは、私も思っていない。だが、直感で発想し、論理で検証し、哲学で跳躍する、それを目指すことには意味があると思っている。

そして決断の際にこの三つを目指すだけでなく、**常日頃から直感、論理、哲学として自分が使えるもののレベルを上げるような努力をすることにも、意味があると私は思う。それではじめて、いざというときの決断の質が上がる。**つまり、実行される経営行動の質が上がると思えるからである。

自分の直感力、自分の論理力、自分の哲学の深さ、それぞれのレベルを上げるという努力の内容を動詞で表現する場合、

●直感を磨く
●論理を鍛える
●哲学を育む

とするのが、適切だと思える。

いい直感とは、もやもやとしている中で、浮かび上がる光である。そこに到達するには、霧を切り裂いていくナイフが必要となりそうだ。ひらめきをもたらすべく、一気に切り込むものである。そして、自分のナイフを切れるようにするためには、「磨く」。研ぐ、という言葉でもいいが、より直感にフィットするのは磨くのほうであろう。ナイフを磨くように、直感を研ぎ澄まそうという努力が、直感力のレベルを上げることである。

いい論理とは、混乱しがちな頭の中を真っすぐに貫くもの、堅牢であるもので、いわば鋼のようなものである。その鋼を強くするために、赤く焼けた鉄を刀工は鍛える。それと同じで、論理力を強くするプロセスには、鍛える、という動詞が当てはまりそうだ。鉄を焼き、叩き、練り上げるように論理を鍛えることが、論理力のレベルを上げる主な道であろう。

いい哲学とは、外からは見えないが、内に秘められてその人を強くしているものである。それは、大きな樹を地下から支えている根をイメージさせる。その根が大きくなっていくプロセスが、哲学を深くするものであろう。だから、育む、という動詞が似合う。根には、「養生する」という言葉が植木の世界では使われることもあるが、人のもつ哲学の場合は、育むという言葉がよりフィットする。

では、磨き、鍛え、育む、ための基本的な指針は何か。これまでの章で語ったことと重複する部分もあるが、あえて短くまとめてみよう。それが、この本を終えるにあたっての、振り返りにもなるだろう。

直感を磨く

第3章と第4章で直感について論じた際に私は、発想を豊かにするために直感が貢献するプロセスを三つのステップで考えた。直感の基盤を整備する、直感を刺激する、直感を回転させる、である。

この分類を応用展開して、そもそも直感力の地力を養う（つまり直感力を磨く）

ための工夫を考えると、二つの方向の工夫が浮かび上がる。一つは直感の源泉になるものを強化する工夫、もう一つは直感をはたらかせる力を磨くためのトレーニングの工夫、である。

直感の源泉を強化する工夫の第一はもちろん、第3章で論じた三つの「直感の基盤の整備」である。それは、思いの凝縮、シャープで柔軟な問題意識、観察と経験の蓄積、という三つであった。

日頃から、自らの思いがどんなものかをあえて考えるように意識することもいいだろう。それが思いをさらに凝縮させる。あるいは、問題意識のシャープさや柔軟さを向上させるために、自社の問題でない現象でも、鋭く切り込む思考の訓練、多方面からの意外なものも含んだ思考のクセをもつようにする、というのも一つの手段であろう。そして、さまざまなことに興味をもち、現実のディテールをきちんと観察するクセ、さまざまな経験を自ら買って出る姿勢、なども観察と経験の蓄積に役立つだろう。

もう一つの直感の源泉の強化の工夫は、第3章でも直感の源泉として強調した、論理の蓄積、論理の在庫を「自分の頭の中で」大きくしておくことである。直感とは、長い論理プロセスが瞬間的に機能することによって生まれることが多いのである。「自分の頭の中で」というところが肝心なところである。瞬時のひらめきのためには、自分の頭の中に論理の在庫が、潜在的記憶の中にでも、きちんと「取り出し可能」な形で存在している必要がある。どこかの本にあった、ネットで調べられる、というような「外部記憶」として存在している論理では、瞬間的に機能する直感の源泉としての意義はないであろう。

そうして深く自分の記憶に刻み込まれるような論理の蓄積は、自らがさまざまな論理を深く考えることによって、形成されるものであろう。「深く考える」ためのルートとしては、他人がつくった論理の場合にはその応用やバリエーションをさまざまに自分自身で試みることによって自分の頭の中に深く蓄積されることを目指すルートと、自分で自ら論理をつくる努力をするルートと、二つのルートがあるだろう。論理の蓄積の重要性は、のちほど「論理を鍛える」ための工夫の一部としても出てくるので、そこであらためて二つのルートについて説明しよう。

妄想、ディテール、視覚的イメージ、手を動かす

直感を磨くための第二のタイプの工夫は、直感の刺激のトレーニングを常日頃行

なうことである。当たり前に聞こえるが、しかしそれを実行し続けることの効果は大きいだろう。

第4章で直感を刺激する内なる工夫を、心からの刺激、目からの刺激、体からの刺激、脳内の刺激、と四つに分けて説明したが、そこで解説した多くのことの背後に共通して横たわる四つの直感力強化の要因を、次のようにあえてまとめたい。もっとも重要だと私が思う四つである。それがこの項の小見出しにした、

妄想、ディテール、視覚的イメージ、手を動かす

である。

こうした要因について、日頃から「そのクセをつける」こと、しばしばそれを試みることが直感力強化のために効果的だと思う。たとえば、「妄想するクセをつける」ことによって直感力を強化する。

妄想といっても、ただのデタラメではない。自分の思いや志をベースに、ワクワクするような構想を考える、それがここでいう妄想である。安藤百福が即席ラーメンを考えたことが、まさに妄想の例である。そうした妄想を思い浮かべる、検討をする、

というプロセスが、日頃は現実的な発想にこだわりがちな人間の発想をあえて飛ばし、その直感を磨くために意味があるだろう。

ディテールは、現場の状況のディテール、そこで自分たちがとる行動のディテール、それに対する顧客の反応のディテール、とさまざまに第4章での刺激の工夫の際に登場した。そのディテールに目を向けるからこそ、ふと思いつくことがある。現実のディテールを見ようと懸命に心がけると、何が大切か見えてくるものがある。

抽象的な言葉で考えていても、直感は刺激されない。だから、そのディテールを想像するクセをなにかにつけて日頃から考え、そのディテールに応じて自分たちが何ができそうかの発想を思い浮かべる訓練をしておくと、直感力が磨かれる一つの道になるだろう。神は細部に宿るのである。

第4章の議論でディテールと並んで私があちこちで強調したのは、人間にとっての視覚的イメージの大切さであった。顧客のニーズを考えるときに、実際の顧客を具体的に頭の中で想像し、その人がどんな理由でどんなニーズをもっていそうか、そのディテールを具体的に想像する、というのが視覚的イメージの一つの例である。あるいは、自分の構想を白板やパソコンの画面に、全体を視覚的に見通せるように描いて、その視覚がその構想の不十分な部分などについての直感を刺激することを狙う、というのも視覚的イメージの活用のまったく別な例である。

こうした例のみならず、自分の目と心での視覚的イメージがどのような波及効果をもたらすかを、つねに意識してイメージトレーニングを行なうことの意義は大きいだろう。視覚的イメージを利用するクセをつけておくことによって、直感力を磨く工夫の一つにするのである。

手を動かすクセをつけるのも、直感力を強化するのに役立つだろう。手の動きは少なくとも二つのルートで脳を刺激する。まず、手の動きをどうしようかと意識・無意識に考えること自体が、刺激となる。第二に、手の動きを人は目で追っている、その視覚からの刺激が発生する。

第4章で本田宗一郎の話として、ホモ・ファーベル、という話を紹介した。本田はその引用で、「頭に何かが閃いたら、それを手を通して形のあるものにしてみる」といっているが、その手を動かすこと自体がさらなる直感の刺激になることを追加すべきだろう。「形のあるもの」とはプロトタイプでもいいし、自分の粗い構想をまとめた文書づくりでもいいだろう。

すべて、脳の動きと同時に手の動きを必要として、その手の動きがさらに視覚として脳に伝わる。そこからさらなる刺激が生まれる。こうして、先に書いた二つの刺激を意識しながら手を動かすことを日頃からクセにしておくのが、直感を磨くことに貢献するのである。

以上、直感を磨くための工夫の基本を説明したが、さらに具体的アイデアを知りたい読者には、佐宗邦威氏の『直感と論理をつなぐ思考法』（ダイヤモンド社、2019年）という好著をおすすめしたい。

論理を鍛える

論理力とは、さまざまな論理を組み合わせて論理展開をきちんと行なう力である。その力を鍛えるための工夫として、二つの方向があるだろう。

一つの方向は、論理の源泉の強化のための工夫である。さまざまな論理の在庫を自分の中で増やしておいて、どの状況にはどの論理を当てはめればいいか、その候補を豊かに自分でもつことである。もう一つの方向は、論理の展開力強化のための工夫である。論理展開力とは、さまざまな論理をきちんと組み合わせてたしかに議論を進められる力、論理的思考のステップを間違いなく踏んでいける力である。

自分の中の論理の在庫あるいは蓄積を大きくするための道は、大別して二つある。

一つは、他人がつくった論理を読書などによって学ぶことである。教科書に書いてある体系化された論理、歴史書に書いてある歴史の動きの背後の論理、他人の経験を書いた本にある彼らの経験を説明する論理、など多様な源泉があるだろう。

もちろん、ただ読むだけではダメだろう。そうした学んだ論理の蓄積が本当に自分の血となり肉となるような努力をさらにしなければ、真の効果ある蓄積とはならないだろう。その努力が、論理の応用訓練である。学んだ論理を現実の事例に対して適用してみること、学んだ論理からのバリエーションづくりを自分自身で試みること、などという応用訓練である。

そのために、ケーススタディという手法が使われたりする。ケーススタディの一つの目的は、現実に起きた事例をくわしく書いたケースという読み物を読んで、自分がそれまでに学んだ論理がどのように適用できるかを試みることである。

自分の中の論理の在庫を大きくするもう一つの道は、自分で自分の目の前の現実を観察して、その現実を説明する論理を自分でつくってみることである。自ら論理をつくる努力をするのである。その結果、自分でつくった論理が自分の中の論理の在庫に加わることになる。自分で論理づくりをやるのだから、その結果は深い蓄積になりやすいだろう。

この第二の道のためには、帰納法と呼ばれる論理的思考の方法が必要となるだろう。現実の観察から「帰納して」、その背後の論理を考える、というプロセスである。たとえば、ある業界でAという製品が売れている、別な業界で同じときにBという製品が売れている。それらの売れ行きを説明する共通の論理が何かあるかと考える。

もちろん、共通の論理がない場合、個々の事例を説明する論理を考えればいいのだが、一見異なって見える現象の背後の共通論理を発見しようとする努力が、じつは帰納法による自分なりの論理づくりの力を養うには重要であることが多い。論理というのは、一つの論理でさまざまな複数の現実の事例を説明できるときに、とくに在庫として価値が高いのである。

次に、論理を鍛える工夫の第二の方向、論理展開力の強化のための工夫を考えてみよう。

その強化の一つの工夫は、すでに説明した「学んだ論理の応用訓練」である。この応用訓練は、学んだ論理を深く自分の記憶の中に埋め込むために意味があり、加えてきちんとした論理展開を進める力の訓練にもなっているのである。

たとえば、学んだ論理は、Aという条件が満たされると、Bという現象が起きる、そこからさらにCという現象が起きる、というような論理であろう。具体的にいえば、製品の性能が優れていれば、差別化によって競争相手から需要を奪える、そしていったん顧客となってくれて満足した人には企業への信用が生まれる、というような論理である。この論理が適用できるような現実の事例にはどんなものがあるかを探し出し、その事例できちんと論理が成立しているかどうかをたしかめる、というのが応用訓練の第一歩であろう。

こうした応用をきちんと行なえるかを訓練すること、論理を学んだら「すぐに」その適用事例を探してみるというようなクセを日頃からもつこと、それらは論理展開を間違いなく進められる力を養うのに貢献するだろう。

論理展開力強化の第二の工夫は、帰納論理のやり方を訓練することである。現実をくわしく調べ、その背後の論理を自分でつくってみる。できれば、複数の現象の背後にある一つの共通の論理をつくってみる。その作業が、論理展開力を鍛える。なぜなら、論理を自分でつくれるためには、そのでき上がった論理がきちんと整合的な内容になっている、つまり論理的につじつまが合っている必要があるからである。そのつじつま合わせの努力は、論理展開の力をも養うのである。

私は直感のベースとしての論理蓄積の大切さを先に強調した際に、その蓄積が直感を刺激できるまでになるためには「深く考える」ことが大切と書き、そのルートとして論理の応用を試みるルートと自ら論理をつくる努力をするルートがあると紹介した。その同じルートが、ここで説明した論理の適用訓練と自分で論理をつくる訓練で、この二つのルートは直感を磨くためにも、論理を鍛えるためにも、二重の意味で大切なのである。

論理のつじつま合わせ、頭の中で小人を動かす

以上が論理展開力強化のための工夫の基本だが、日頃からつけておくとよい習慣についても、最後に触れておこう。私がとくに意味があると思うものである。

おすすめしたい第一の習慣は、論理のつじつま合わせをつねに試みる、という習慣である。つじつま合わせという平たい表現の本質は、論理の連鎖づくりである。

多くの人が、自分でも気がつかないままに、第6章で説明した論理の飛びやずれを行なってしまっている。たとえば、「自社製品の価格を下げれば（A)、売上が増え

る（C）」という「論理」を考えてみよう。AからCまで、論理が飛んでいる例である。途中に、何かのBをはさまないと、この論理は成立しない。

たとえば、「競争相手がすぐに対抗して同じ低価格戦略で来なければ」というBの条件が必要だろう。あるいは、「顧客が価格に敏感に反応する」というBの条件が必要なこともあるだろう。こうした追加前提が成立しないと、そもそも自社製品の需要は増えず、価格を下げて需要量は変わらないことになれば、かえって売上は下がってしまう。

ここでは、一つの行動Aと結論Cの間に、つなぎの条件や前提が必要なのである。それは、AかつBならば、Cという結論が十分ありうる、という論理でなければならないのに、「かつB」のところが飛んでいる例である。だから、AならばCという論理が全体としてつじつまが合っていないのである。

そこで、論理のつじつま合わせをするために、この例での場合であれば追加の前提条件を探すことになる。その努力から、自社がとるべき追加的行動が明らかになる。この例でいえば、競争相手が追随値下げをしにくい地域を狙うとか、価格に敏感な顧客をメインのターゲットとする宣伝を行なう、とかである。

こうして論理のつじつま合わせをすることから、論理の長い連鎖を考えられるよ

うになる。たとえば、

価格を下げる→顧客には魅力的→魅力的であれば競争相手も対抗措置をとる→その対抗措置への対策を考える→結果として新しい顧客を実際に獲得できる

という論理連鎖である。だから、どんな論理連鎖を自分は考えられるか、さまざまに試してみる。一つの連鎖づくりの試みがうまくいきそうになかったら、ただちにあきらめて、別な連鎖を考えてみる。それが、論理のつじつま合わせの努力がもたらしてくれるものである。

これが、きちんとした連鎖づくりの訓練を通しての論理展開力の強化になるだけでなく、第6章で強調した「仮説を育てるための検証と仮説づくりの高速フィードバック」の訓練にもなるだろう。

論理展開力強化のための第二の習慣として私が大事だと思うのは、論理を考えようとするときに「頭の中で小人を動かす」ことである。

小人の例は、小倉の例でいえば「典型的な主婦」という小人である。その小人が、こういう状況だとどう動くだろうか、なぜそう動くのだろうか、と小倉の頭の中で考えていた、と私は想像する。小人の動きを自分の想像力でイメージして、この小人はこう動くはず、そうなったら次はこんな要求が出てくるのではないか、あるいは小人を自分たちの需要へと誘うためにはどんな手段が有効か、などと小人の動きを追いながらさまざまに考えるのである。

なぜ、頭の中で小人を動かすことが論理展開力の強化に役立つのか。それは、現実が、第5章で強調した通り、論理的だからである。そして、小人は（頭の中ではあるが）現実の状況の中で動くことを想像するのだから、じつは論理的に動くのである。だから、小人の動きをきちんと追えれば、じつは論理的に正しい推論をしている可能性が高い。

私は第5章で現実が論理的だと説明したときに、「自分の論理展開が間違わないようにするため、現実そのものに自分の思考を導いてもらう」とも書いた。頭の中の小人は、論理的な現実に自分を導いてもらうための案内人なのである。

小人はディテールの中で生きている。そして、小人は飛ばない。だから、論理思考の案内人として、好適なのである。さらに、小人をリアルにイメージできれば、その小人は経済の論理も大切にするだろうが、人として当然に感情も学習能力もある。

だから、小人に導かれる論理思考は、経済論理だけに偏る危険も小さくなる。

「典型的な主婦」という小人の例でいえば、その小人は宅急便料金が安いことにも喜ぶだろうが、配達のドライバーさんの態度に心理的な共感をもったり感謝したりする。さらに、主婦はどのドライバーさんが親切かを学習し、配達トラブルがあったときのドライバーとヤマト運輸の態度も学習していく。それで、競争相手よりいいな、と考えたりする。

こうして、経済、学習、感情という三つの論理をあまり大げさに考えなくても、小人は自然に三つの論理の総合を考えさせてくれるのである。小人には、心も頭もそして目も耳もあるはずだからである。

じつは人間は、気がつきにくい論理の飛びやずれをしょっちゅうやっている。第6章で説明した通りである。その飛びやずれを防ぐ役割を、頭の中の小人が果たしてくれる可能性が十分ある。小人が動くステップを一つひとつていねいに追っていくことによって、飛ばない小人に導かれて、論理の飛びやずれを防げるのである。

哲学を育む

すでに第8章で書いたように、哲学を考えるということは、人間の、社会の、あるいは技術の本質を考えるということである。**哲学とは、ものごとの、世間の本質を考え抜くことによって生まれる、基本的考え方**なのである。

その哲学を育むための努力の基本は、素っ気ない話に聞こえるかもしれないが、自分で本質を考え抜くことしかない。そのための工夫は、直感や論理よりもはるかに、考える人の好みやキャラクターに依存する部分が大きく、一般化は難しい。哲学なのだから、個人の考えを色濃く反映するものになるのは当然であろう。

それでも、ここで考えようとする哲学は、決断のための跳躍を支える哲学である。その限りにおいて、いくつかの一般的なポイントはあるように私には思える。それを、この項では紹介しよう。

哲学を育む最初の一歩は、自分で考え抜こうとする姿勢をもつと同時に、他人の哲学に触れることであろう。そのために、読書を通して触れることが中心になるだろうが、どんなタイプの本から自分の哲学を育もうとするか。

経営の決断のための哲学を育むのだから、一般的ないわゆる「哲学書」を読むことの意義は小さそうだ。もちろん、そうした哲学書から自分の哲学を形成する栄養素を得ることに私は反対ではないが、しかしちょっと距離があり過ぎるように思う。二つの意味で距離があり過ぎる危険がある。

一つは、内容である。経営の決断のための哲学は、何についての哲学かといえば、組織のあり方、市場というもののあり方、技術のあり方、社会と企業との関係のあり方などについての哲学が必要とされるであろう。それは内容的に、いわゆるリベラルアーツの哲学書に書いてあることではあまりないだろう。

もう一つの距離の危険は、使われる言葉である。哲学書の一般的イメージは、難解な言葉で緻密な論理が書いてあるというものである。しかし、決断の最後のステップとしての跳躍を助ける哲学は、「腹の底の哲学」でなければならない。構想の奥行きと心の安定をもたらすことが哲学の貢献なのだから、その人の腹の底にあるものが自分の言葉で表現されている必要がある。本当に腹落ちさせて自分の言葉で表現できるようになってはじめて、哲学は跳躍のために機能できるのだが、それが哲学書の言葉から可能になるかどうか。

むしろ優れた経営者の決断や彼らの人生の経験を書いた本を読むことのほうが意味が大きいだろう。そうした本を読んで、この人の哲学はなんだろうかを考えるのである。彼らは、どんな人間の道理、世間の道理を頭に描いていたのか、それを想像するのである。

その際、経営哲学を書いてあると称する本でもいいが、もっと具体的な経営の実際、決断の詳細を書いた本のほうがいいであろう。彼らの行動の軌跡から、その人の内なる哲学を探るつもりで読むほうがよさそうだ。それが、人間の道理、世間の道理を自分の頭で考えるという本来の哲学を、自ら育む一つの訓練になる。いわば**哲学を、帰納的に育む**のである。

そうして帰納的に考えるときに、第8章の言葉を使えば、良識の哲学を育むのか、不常識の哲学を育むのか、それによってどんな経営行動、どんな経営者の言葉をきっかけに考え始めるか、少し違いそうだ。

良識の哲学を自分が育みたい場合は、きわめてまっとうな、社会正義や人間の道理に合ったような経営行動や言葉を見つけ、その背後の哲学を考えるといいだろう。しかし、不常識の哲学を学びたい場合は、むしろ「バカな」と思えるような話を探したほうがいい。そんなバカな話をその経営者が考えるというのは、どんな不常識の哲学があるからだろうか、と考えるのである。

哲学を育む際の第二のポイントは、**「小さな哲学」から始める**ことである。どんな偉大な経営者で「大きな哲学」をもった人も、最初から大きな哲学をもっていたのではない。

経営者人生を重ねる過程で、少しずつ思考を深め、小さな哲学から大きな哲学へと育ててきたのだと、私は思う。だから、小さな哲学を考えることから始めよう。その後に、大きな哲学が育まれていく。それで、やっと大きな跳躍ができるようになる。

組織の中で人が育っていくとき、圧倒的多数の人がまず経験するのは小さな組織単位のリーダーとしての仕事であり、その立場での決断や跳躍である。そうした小さな跳躍の機会を組織の小さな単位のリーダーたちがもつということは、彼らが小さな哲学をもつことを要請される機会がある、ということである。その機会の積み重ねから、大きな哲学をもつ人が育っていくのだろう。

したがって、組織の単位のリーダーたちは、まず小さな哲学を考えることから始めたらいい。そうして哲学を育む機会をもった人の中から、大きな哲学をもてる人が出てくる。大きな哲学が育まれる。

小さく始める、というのは哲学を育むときにだけいえるのではないだろう。直感を磨くためにも、論理を鍛えるためにも、まずは小さく始めよう。身近なレベルから始めよう。その努力の集積の中から、より大きなものへと自らが育っていける基盤ができてくる。

それが、人が育つ際の基本的プロセスである。

参考文献

アイザックソン、ウォルター『スティーブ・ジョブズ　Ｉ』（井口耕二訳）、講談社、２０１１年
安藤百福『奇想天外の発想』講談社、１９８３年
――『魔法のラーメン発明物語　私の履歴書』日経ビジネス人文庫、２００８年
伊丹敬之『創造的論文の書き方』有斐閣、２００１年
――『経営の力学』東洋経済新報社、２００８年
――『経営戦略の論理』第４版、日本経済新聞出版社、２０１２年
――『人間の達人　本田宗一郎』ＰＨＰ研究所、２０１２年
――『孫子に経営を読む』日本経済新聞出版社、２０１４年
――『高度成長を引きずり出した男　サラリーマン社長・西山彌太郎の夢と決断』ＰＨＰ研究所、２０１５年
――『平成の経営』日本経済新聞出版社、２０１９年
内田和成『仮説思考』東洋経済新報社、２００６年

――――『論点思考』東洋経済新報社、２０１０年
――――『右脳思考』東洋経済新報社、２０１９年
小倉昌男『小倉昌男　経営学』日経ＢＰ社、１９９９年
川喜田二郎『発想法』中公新書、１９６７年
佐宗邦威『直感と論理をつなぐ思考法』ダイヤモンド社、２０１９年
シャルクロス、ドリス・Ｊ／シスク、ドロシー・Ａ『直感　ひらめきの心理学』（齊藤勇監訳・坂本仁訳）、日本教文社、１９９７年
ダガン、ウィリアム『戦略は直観に従う』（杉本希子／津田夏樹訳）、東洋経済新報社、２０１０年
照屋華子／岡田恵子『ロジカル・シンキング』東洋経済新報社、２００１年
中山正和『創造性の自己発見　「ひらめき」の構造をさぐる』講談社ブルーバックス、１９７９年
西山彌太郎『鉄づくり・会社づくり』（ダイヤモンド社編）、ダイヤモンド社、１９６４年
沼上幹『小倉昌男　成長と進化を続けた論理的ストラテジスト』ＰＨＰ研究所、２０１８年
羽生善治『決断力』角川新書、２００５年
――――『捨てる力』ＰＨＰ文庫、２０１３年
――――『直感力』ＰＨＰ新書、２０１２年

藤沢武夫『経営に終わりはない』文春文庫、１９９８年
本田宗一郎『私の手が語る』講談社、１９８２年
――『本田宗一郎　夢を力に　私の履歴書』日経ビジネス人文庫、２００１年
宮城谷昌光『青雲はるかに』下巻、集英社文庫、２０００年
――『子産　上』講談社文庫、２００３年
吉原英樹『「バカな」と「なるほど」』ＰＨＰ研究所、２０１４年

【著者紹介】
伊丹敬之（いたみ　ひろゆき）
国際大学学長。1945年愛知県豊橋市生まれ。一橋大学商学部卒業。カーネギーメロン大学経営大学院博士課程修了（Ph.D.）。一橋大学大学院商学研究科教授、東京理科大学大学院イノベーション研究科教授を歴任。一橋大学名誉教授。2005年11月紫綬褒章を受章。主な著書に『経営戦略の論理〈第4版〉』『日本企業の多角化戦略』（共著、日経・経済図書文化賞受賞）、『日本型コーポレートガバナンス』『孫子に経営を読む』『現場が動き出す会計』（共著）（以上、日本経済新聞出版社）、『場の論理とマネジメント』『経営を見る眼』『経済を見る眼』（以上、東洋経済新報社）、『本田宗一郎』（ミネルヴァ書房）、『高度成長を引きずり出した男』（PHP研究所）がある。

経営の知的思考
直感で発想 論理で検証 哲学で跳躍

2020年7月9日発行

著　者――伊丹敬之
発行者――駒橋憲一
発行所――東洋経済新報社
〒103-8345　東京都中央区日本橋本石町1-2-1
電話＝東洋経済コールセンター　03(6386)1040
https://toyokeizai.net/

ブックデザイン……遠藤陽一（ワークショップジン）
DTP…………アイランドコレクション
印　刷…………東港出版印刷
製　本…………積信堂
編集担当………黒坂浩一

Printed in Japan　ISBN 978-4-492-31530-9